哲學研究叢書・學術思想叢刊

韓非子思想蠡測

劉斯玄　著

獻給內子

致謝

　　這本小冊被取名為《思想蠡測》，不僅是向蔣重躍老師所著《先秦兩漢學術思想蠡測》致敬，亦有感激老師的教誨與包容之意。二〇〇九年至今，老師不僅持續教我學習方法與專業知識，鼓勵我獨立思考、不拘泥於任何形式的成見，更以寬容大度的人格表率，誨我對外部環境抱持善意與同情。每當我遇到猶疑，老師總會為我提出解決問題的建議；每當我遇到困難，老師總是賜予無比珍貴的幫助與支持。老師的教誨與關愛，我必永久銘記。

　　小冊的寫作過程中，有幸獲得南京大學顏世安教授、北京師範大學李銳教授、中國人民大學李若暉教授、臺灣大學佐藤將之教授、臺灣政治大學詹康教授、北京師範大學王楷教授、中國政法大學王威威教授、縣立廣島大學工藤卓司教授中肯的批評與深有啟發的建議。謹向各位先生奉上最誠摯的感恩。

　　我的研究與學習，有蒙山東大學葛荃教授、耶路撒冷希伯來大學（The Hebrew University of Jerusalem）尤銳教授（Prof. Yuri Pines）、中山大學楊勇教授、河北大學戴木茅教授、廣州美術學院宋德剛教授寶貴的支持與鼓勵。謹向各位先生表達由衷的敬意。

　　我還要感激萬卷樓圖書股份有限公司張晏瑞先生、呂玉姍女士、林秋芬女士與林曉敏女士。承蒙總編張晏瑞先生為小冊啟動學術審查程序、安排各方面的編輯出版事宜，責任編輯呂玉姍女士細緻周到而極具耐心的編輯與協調工作，林秋芬女士、林曉敏女士一絲不苟的校對、排版工作，小冊方得順利出版。謹此致以深深的感謝。

序

　　劉亮的新作《韓非子思想蠡測》即將出版，他要我寫一篇序。作為他攻讀博士學位期間的指導教師，我自然義不容辭。不過，我這些年主要的任務是編輯工作，教學和研究只是「副業」，對於先秦諸子，本來就研習未精，即使是曾經下過點功夫的《韓非子》，也有了生疏之感，所以很難寫出一篇有分量的序。可是看到近些年劉亮心無旁騖，努力讀書，在科研上不斷取得進步，這種精神應該給予肯定，所以我要說幾句話，一來是表達我的感想，二來也是想借此機會介紹一點相關的情況，以期有助於讀者理解本書的意義。

　　在中國的文化傳統中，法家思想研究，包括《韓非子》思想研究，有著曲折、艱難的歷程。在司馬談、司馬遷父子那裡，在劉向、劉歆父子以及後來的班彪、班固父子那裡，法家大體上還能得到一分為二的評價。西漢中期以後，講究親親尊尊、仁愛忠恕的儒家思想佔據了意識形態的主流地位，被認為是中國文化的代表者；而崇尚強勢、講求功利的法家思想在主流意識形態的視域中則淪落為受批判的對象。兩千年裡，法家人物被主流文化認為是宣導冷酷無情、斤斤計較、權謀詭道、為統治者獻媚的一群宵小，法家文章也成了學者羞於公開研讀的著作。不過，同樣在這兩千年裡，每逢亂世，每到需要富國強兵的時候，法家又總會被提起，法家著作又總會成為有識之士研讀並試圖從中得到啟示的重要資源。所以，從法家的角度看法家其實並沒有消失。特別是近代以來，中國受到外來侵略勢力的壓迫，法家富國強兵的思想不但重新引起重視，最令人稱奇的是它還一度被抬舉到主流意識形態的高度，受到極大的追捧。同樣是在近代，法家思想

的研究還出現了新的情況。自從西方思想進入中國並為許多中國人所接受，從西方某些講求強力、專斷思想的角度對法家表示同情者有之，但更多的則是從民主自由人權的角度對法家展開批判，這些構成了法家研究的新的景象。而儒家對法家的批判與民主自由觀念對法家的批判雖不期而遇，但它們很快就匯合起來，於是法家思想就遭遇到了前所未有的猛烈攻擊。二十世紀的學者中，有很多是擁有儒家的知識背景或意義系統的，一提到法家，他們就會想起禮法之爭，就情不自禁地要與儒家作對比，認為禮是仁愛的，法是殘酷的；禮是有情有義的，法是無情無義的；禮是重義輕利的，法是重利輕義的；如此等等。學者中同樣有許多是接受了西方傳入的自由平等法治人權觀念的，他們很自然地要把法家與自由民主觀念相對比，而且他們把舶來的這些觀念說成是現代的，把法家的思想說成是古代的，甚至純然是反民主、反自由、反人權的，是不值得肯定的舊時代的糟粕。在許多人的觀念中，儒家思想和民主自由觀念奇妙地結合在一起，成為研究和評價法家思想的知識背景或者叫意義系統。

總之，二十世紀的中國，對於法家思想存在著兩種相反的態度，一方面，對於法家的同情仍然存在，從法家的角度看法家，從西方某些類似的主張強力的思想傳統看法家的做法仍然存在，不然就不會有從正面表現法家形象的那麼多作品在流傳；另一方面，學術界主流觀點仍然是儒家和民主自由觀念的頑強結合，這種混合的觀念似乎仍強有力地操控著評價法家思想的話語權。

不過，從二十世紀末二十一世紀初開始情況似乎悄然改變了。研究法家的學者，特別是青年學者漸漸多了起來，研究的視角也漸漸地超出了單純從法家看法家、從域外主張強勢政治的某些觀念看法家，或者從儒家看法家、從西方民主自由觀念看法家的藩籬，平心靜氣的研究越來越多，多角度寬視域的比較研究越來越多，研究的客觀性自然也就增強了。劉亮的書稿就是表現這個新的發展趨勢的成果中的一部。

　　劉亮二〇〇九年起關注法家思想，從那以來，研究興趣一直沒有離開過。眼前這部書稿，就是最近幾年的研究心得。本書的結構佈局較有新意，它不像以往的許多研究那樣，把《韓非子》做政治思想、法治思想、歷史思想、哲學思想等的理論分野，或者通過禮和法、德和刑、王和霸、道德和非道德、保守和進步、民主（民本）和專制、性善和性惡、唯心和唯物這樣的範疇來認識，而是選取書中的重要術語，從文獻研讀上做追本溯源式的考察。我覺得這樣做的好處，是在一定程度上可以擺脫過去的成見，有正本清源的意義，也體現了追求徹底性的精神，是值得肯定的。

　　不過，隨之而來的問題，似乎也值得思考。是不是所有的研究都離不開某種知識背景或意義系統？如果我們既不從法家的角度看法家，也不從儒家的角度看法家，甚至不從西方民主自由人權的角度看法家，那麼我們的研究究竟還有沒有知識背景？有沒有意義系統？如果有，是什麼？如果沒有，那我們的研究如何可能？

　　我想，要回答這些問題，就應該對知識背景或意義系統中包含的事實判斷和價值判斷的關係加深理解。我們看前人研究中所表現出來的知識背景或意義系統，說起來是事實判斷，其實，在很大程度上是受價值觀支配的。法家看法家與儒家看法家，觀點相反，但都是價值觀在起主導作用，它們在研究方法和結構上應該是一致的。用西方的民主自由觀念還是獨裁專制觀念情況相同。如果今天有人研究《韓非子》，聲稱自己壓根就不想從價值觀上做文章，只想把文獻讀懂弄通行不行？這當然沒有什麼不可以的。可是做起來，真的能完全擺脫價值觀的影響麼？真的能把研究變成純技術的工作麼？我想是不是可以這樣來理解。其一，持這種主張或態度的人或許可以做到不從以往的法家看法家、儒家看法家、自由民主觀念看法家的知識背景或意義系統來做研究，但擺脫這種知識背景或意義系統本身就有價值因素滲透在其中，就像無神論與有神論在本質上具有同一性一樣；其二，任何

研究都離不開以往的資源，都要從以往的資源中獲取資料和方法，而以往的資源中，哪怕被認為是純粹的語言文字資料，其實也免不了會有價值觀的因素在其中，所以要想徹底擺脫價值觀的影響是不可能的；其三，徹底擺脫價值觀的影響是不可能的，這不等於說想要擺脫價值觀的影響與完全投身於價值觀的爭論是相同的。據我觀察，想要擺脫某種（些）價值觀（例如儒家、西方民主自由）引領的朋友中，有的又接受另外的價值觀（例如威權主義）的引領，有的則聲稱並竭力清除任何價值觀的影響可又不得不使用含有價值觀因素的歷史資料，這就是現實。

　　總之，這裡共有三種研究的態度和路數。第一種是傳統的價值觀引領的研究。第二種是試圖擺脫傳統價值觀引領而又投身於新的價值觀引領的研究。第三種是至始至終要努力清除價值觀因素影響的研究。平心而論，這三種態度都有一定的合理性。世界上有多少偉大的科學成就和精湛的藝術創造是在某種價值觀引領和激勵下獲得的，法家研究的成果就有很多是在儒家價值觀和西方民主價值觀引領或鼓動下獲得的。但是，儒家價值觀和西方民主價值觀又的的確確給法家思想研究帶來了偏蔽，這是有目共睹的事實，無須否認。這樣看來，擺脫以往的價值觀引領，或者尋求新價值觀引領，或者反對價值觀引領又都有了存在的必要了。

　　劉亮這部書稿應該屬於第三種情況，從中可以看出，他沒有站在法家立場來頌揚法家，也沒有使用儒家的或西方民主自由的價值觀來貶斥法家，他想從基礎做起，對文獻展開客觀的、正本清源的研讀。這樣做的初衷是好的，可以避開過去的許多成見，就像一張白紙，好寫最新最美的文字，好畫最新最美的圖畫，而且事實上也的確收到了一定的效果。當然，這樣做仍不能避免價值觀在起作用，因為我們引用的資料，很多仍是某種價值觀引領下的產物。這就需要我們邊引用，邊批判，考證的意義恰恰就在這裡。我覺得劉亮此書的意義就是

一方面努力從價值觀糾紛中跳出來，從根本上解決文獻研讀的問題。而且要解決這樣的問題，就必須是邊引用邊批判。我們知道，任何研究都不可能排除主觀因素的干擾，不可能排除價值觀因素可能造成的誤導或遮蔽，正因為如此，我們才需要一邊尋找合適的材料，一邊又要對這些材料進行批判。只有這樣，我們的研究才會穩步地前進。

　　總之，此書表明，劉亮在《韓非子》研究上做出了新的有意義的嘗試，我衷心地希望他在不斷的進取中，獲得更大的進步。

蔣重躍

二〇二〇年十一月十二日

目次

第一章　法

　　胡適之先生曾探求「法／灋」字的不同涵義及其歷時性的變化；梁任公先生亦對先秦思想語境中的「法」作廣義與狹義之分。[1]此後學者談及《韓非子》「法」觀念，較之不同涵義的分辨，往往更重視概念的總體概括。[2]於是《韓非子》書中「法」字的不同義項，恐有

1　參見胡適：《中國哲學史大綱》（北京：中華書局，2013年），頁274-277；梁啟超：《先秦政治思想史・法家思想》，《飲冰室合集》第九冊（北京：中華書局，1989年），頁133-136。

2　針對韓非學派「法」的概念，唐敬杲先生認為「法」是「成文而公開之憲令，而以刑罰為之後盾者」。類似強調成文的、公開的、具有強制力的觀點，還有如王世琯先生的「應當由官吏規定，然後佈告之，而施之於人民，即以刑罰為後盾」；嵇文甫先生的「制為一定條文，由官府向人民公佈出去，使大家明白曉知，一體遵守，順令者賞，犯禁者罰」；梁啟雄先生的「法是官府公佈的成文法，是編著在圖籍中的國法條規」；黎紅雷先生的「官府用文字公佈出來，以賞善罰惡為基本原則的律令，是官員駕馭百姓的基本依據」等。任繼愈先生認為法「為全社會必須遵循的標準」。類似強調客觀標準的觀點，還有如姚蒸民的「君主治國之準繩」、「統治臣民之依據」、「設政施治齊民使眾之客觀標準」以及「治國之唯一準繩」；飯塚由樹先生的「法是官方公佈的法令」，「是告訴廣大群眾應如何行動的規範、賞罰的標準」等。程艾藍（Anne Cheng）先生將包括《韓非子》在內的法家所言之「法」理解為「可為人們提供參考和典範的，一般意義上的規範」；等等。又，仍有學者注重分析韓非所言之「法」的不同義項，或涵義的不同層次。如韋政通先生將其分為「唯一的標準」與「公佈的法令」兩層涵義以及本章註4所及蕭公權先生觀點，等等。參見唐敬杲：《韓非子選注》，嚴靈峰編：《無求備齋韓非子集成》（臺北：成文出版社，1980年）影印1926年排印本，頁12；王世琯：《韓非子研究》，《無求備齋韓非子集成》影印1928年上海商務印書館排印本，頁47-48；嵇文甫：《春秋戰國思想史話》（北京：文津出版社，2017年），頁97；梁啟雄：《韓子淺解》，嚴靈峰編：《無求備齋韓非子集成》影印1960年排印本，前言頁11。任繼愈：《中國哲學史》第一

被混為一談的危險。

　　《韓非子》書中所及，「法」的涵義至少有兩類：其一，統治者
以刑賞背書的命令、規章。如〈外儲說右上〉云：「荊莊王有茅門之
法，曰『群臣、大夫、諸公子入朝，馬蹄踐霤者，廷理斬其輈，戮其
御。』」[3]引文中「法」即表示以刑罰（「斬其輈，戮其御」）來維護的
官方命令。其二，原則、方法或程式。[4]此類義項在不同的用例中，
可特指某種藉助規章來統治的原則或方法，可指與「術」相排斥的那
一類以公開的規章來統治的原則或方法，亦可泛指政治原則、方法，
甚至可泛指原則、方法，而不限於政治領域。特指某種統治方法的用
例，如〈定法〉云：「今申不害言術，而公孫鞅為法」，「法者，憲令
著於官府，刑罰必於民心，賞存乎慎法，而罰加乎奸令者也。此臣之
所師也。」此處「法」是特指公孫鞅用公開的成文條令來統治的方
法，而非公孫鞅所制定的那些具體的「憲令」。[5]表示與「術」相排斥

冊（北京：人民出版社，2010年），頁256；姚蒸民：《法家哲學》（臺北：先鋒印刷
公司，1984年），頁106-110；飯塚由樹：《〈韓非子〉中法、術、勢三者的關係》，
《中國人民大學學報》1993年第5期；馮達文、郭齊勇主編：《新編中國哲學史》
（北京：人民出版社，2004年），頁196；程艾藍：《中國思想史》（鄭州：河南大學
出版社，2018年），冬一、戎恆穎譯，頁270；韋政通：《中國思想史》上冊（上
海：上海書店出版社，2003年），頁258-259。

3　書中《韓非子》原文，引自陳啟天：《增訂韓非子校釋》（臺北：臺灣商務印書館，
1994年）。後文將僅列篇名。

4　蕭公權先生、金鵬程（Paul R. Goldin）先生等前賢已提及「法」在這個領域的意
義。蕭先生指出，法「有廣狹之二義」，「法之狹義為刑」法「之廣義為一切之社會
及政治制度」；「故禮法之間無絕對之分界，禮治不必廢刑法，法治不必廢禮儀」。
參見蕭公權：《中國政治思想史》上冊（北京：商務印書館，2011年），頁198、
237。金先生援引華茲生（Burton Watson）先生的觀點，而華氏的觀點來自對《韓
非子・二柄》的翻譯。Cf. Burton Watson, Trans. *Han Fei Tzu: Basic writings,*
Columbia University Press, New York, reprinted 2002, p.82; Paul R. Goldin, "Introduction:
Han Fei and the *Han Feizi," Dao Companion to the Philosophy of Han Fei,* Paul R.
Goldin (Ed), Springer Science + Business Media Dordrecht, Heidelberg, 2013, p. 214.

5　這是因為「賞存乎慎法」、「罰加乎奸令」顯是超越了具體「憲令」的緣故。

的統治原則或方法的用例，如〈難三〉云：「人主之大物，非法則術也……法莫如顯，而術不欲見」；其中「法」與「術」因其特徵對立而為兩種不同的統治方法。泛指統治原則、方法的，如〈難勢〉云：「抱法處勢則治，背法去勢則亂」；與「勢」並列的「法」既非某種特定的統治方法，更非那些官府發佈的規章條令，而是泛指依靠明確的原則來統治的方法。〈八說〉云：「故謹於聽治，富強之法也」，言統治者慎重處置政事，是國家走向富強的統治方法。此處「法」並非專指那種以規章來統治的方法，而是具有普遍意義的原則。其他領域的原則、方法之用例，如〈難勢〉所謂「隱栝之法」，〈外儲說右上〉所謂「教歌之法」，等等。當然，《韓非子》中許多用例是能夠同時涵蓋這兩種義項的。如〈奸劫弒臣〉云：「古秦之俗，君臣廢法而服私，是以國亂、兵弱而主卑」；「商君說秦孝公以變法易俗，以明公道……」文中「變法易俗」一語，「法」、「俗」對舉，文義互足；「法」應泛指成文或不成文的規章條令、統治原則以及具有通則性質的社會習慣。這說明《韓非子》作者並未始終保持這兩種義項的判然區分。

由此，《韓非子》所用「法」字，視語境的不同而有多種涵義；作為政治術語的「法」，亦有具體的規章條令以及概括的統治原則、方法兩種意義。

第一節　「法」的制定權

在韓非學派看來，「法」不論是作為統治的原則、方法，抑或作為具體的命令規章，其內容皆由當下統治者來決定。換言之，當下的統治者有權決定著當下一切「法」的制定。這是韓非學派在「法」的制定領域一個突出的特徵。〈五蠹〉反覆申說，統治者毋須遵循任何既有的規矩與原則，而只需具體問題具體應對。如「聖人不期修古，不法常可，論世之事，因為之備」；「夫山居而谷汲者，膢、臘而相遺

以水；澤居苦水者，買庸而決竇。故饑歲之春，幼弟不餉；穰歲之秋，疏客必食；非疏骨肉愛過客也，多少之實異也。是以古之易財，非仁也，財多也；今之爭奪，非鄙也，財寡也。輕辭天子，非高也，勢薄也；重爭士橐，非下也，權重也。故聖人議多少、論薄厚為之政。故罰薄不為慈，誅嚴不為戾，稱俗而行也。故事因於世，而備適於事。……夫古今異俗，新故異備；如欲以寬緩之政，治急世之民，猶無轡策而御駻馬，此不知之患也」云云。這些主張，率皆意味著「法」上至統治原則，下至具體規章，其一切內容全應出乎當下統治者的選擇，而非任何其他淵源。所謂「其他淵源」，自然包括一切既有的統治原則與規章條令，以及社會習慣等。就既有的規章、原則而言，〈五蠹〉等篇刻意以古今情形差異為由，主張事異備變：即使前代與當下存在某些共同之處——諸如古今的偉大「聖人」皆需成功應對共同體所面臨的挑戰，為之興利去害等——亦皆視而不見。這意味著當下的統治者面對任何先代統治者，甚或自己先前定下的規矩原則，皆可以此「時間的特殊性」為由而毀棄。就社會習慣來說，上述引文「夫山居而谷汲者，膢、臘而相遺以水；澤居苦水者，買庸而決竇」的具體描述，及其「故聖人議多少、論薄厚為之政；故罰薄不為慈，誅嚴不為戾，稱俗而行也」的議論，似有規勸統治者依據具體習慣制定法令的蘊意。[6]然其蘊意即使存在，也是說習慣不能徑自成為「法」，而惟有受到統治者的認定，才可被視作「法」。[7]

---

6 《韓非子》書中亦有建議君主以命令「正確」地對抗社會習慣的內容，如〈姦劫弒臣〉云：「人主誠明於聖人之術，而不苟於世俗之言」；又云：「夫嚴刑重罰者，民之所惡也，而國之所以治也；哀憐百姓輕刑罰者，民之所喜，而國之所以危也。聖人為法國者，必逆於世，而順於道德。知之者同於義而異於俗；弗知之者，異於義而同於俗。天下知之者少，則義非矣」；等等。

7 前賢對此已多有關注。如黃秀琴先生指出：「韓非所謂法，是成文的，是公佈的，是一致的，是有刑罰的，而與從前的習慣法……是有天壤之別。」李甦平先生亦稱：「韓非思想中的『法』，是『成文法』（『憲令著於官府』、『編著之圖籍』）和『公佈

與此同時，「法」的制定權當由作為最高統治的君主獨有，不能與臣下分享。〈二柄〉提出「人主自用其刑德」之說，企圖以賞罰為例證明此點。其文云：

> 人主者，以刑德制臣者也。今君人者釋其刑德而使臣用之，則君反制於臣矣。故田常上請爵祿而行之群臣，下大斗斛而施於百姓，此簡公失德而田常用之也，故簡公見弒。子罕謂宋君曰：「夫慶賞賜予者，民之所喜也，君自行之；殺戮刑罰者，民之所惡也，臣請當之。」於是宋君失刑而子罕用之，故宋君見劫。田常徒用德而簡公弒，子罕徒用刑而宋君劫。故今世為人臣者兼刑德而用之，則是世主之危甚於簡公、宋君也。故劫殺擁蔽之主，兼失刑德而使臣用之，而不危亡者，則未嘗有也。

引文以子罕等故事代替了理論上的論證，故事卻缺乏如何「釋其刑德」的細節。好在這個故事在〈外儲說右下〉等篇更有諸多詳細的版本：

> 司城子罕謂宋君曰：「慶賞賜與，民之所喜也，君自行之；殺戮誅罰，民之所惡也，臣請當之。」宋君曰：「諾。」於是出威令、誅大臣，君曰「問子罕」也。於是大臣畏之，細民歸之。處期年，子罕殺宋君而奪政……
> 一曰：司城子罕謂宋君曰：「慶賞賜予者，民之所好也，君自行之；誅罰殺戮者，民之所惡也，臣請當之。」於是戮細民而誅

法』（『賞罰必於民心』、『設之於官府，而布之於百姓者也』）」；「『成文法』和『公佈法』是相對於『習慣法』而言」。參見黃秀琴：《韓非學術思想》（臺北：華僑出版社，1962年），頁99-100；李甦平：《韓非》（臺北：東大圖書公司，1998年），頁165-166。

大臣，君曰：「與子罕議之。」居期年，民知殺生之命制於子罕
也，故一國歸焉。故子罕劫宋君而奪其政，法不能禁也⋯⋯

由文中「出威令、誅大臣，君曰『問子罕』⋯⋯『與子罕議之』」可
知，宋君將裁決的權力委託子罕，而並未設置任何約束或監督的方
式，令其嚴格依照既有法規行動。也就是說，子罕可以全然依據自己
的意願來進行處罰。其處罰若有（與既定法不同的）原則或規律可供
遵循，那麼它將顯現於宋國社會，並使宋國既有之規章條令成為一紙
空文。他的實際權力，亦由「法」的貫徹執行領域，拓展至其制定領
域，因而成功架空了宋君。在這個角度上，〈外儲說右下〉所謂「賞
罰共則禁令不行」，與前引「人主自用其刑德」皆是以賞罰為例，宣
稱「法」的制定權全由君主獨自掌控，不可與他人分享之旨。[8]針對
這一點，〈制分〉篇講得更為明白。其文云：

故治亂之理，宜務分刑賞為急。治國者莫不有法，然而有存有
亡；亡者，其制刑賞不分也。治國者其刑賞莫不有分：有持異
以為分，不可謂分；至於察君之分，獨分也。是以其民重法而
畏禁，願毋抵罪而不敢冀賞。

陶小石〈讀韓非子札記〉釋稱：「持異二字，當為待共二字之誤。謂
人主恃大臣左右共為賞罰也。〈外儲說右上〉篇云『射者眾，故人主
共矣』；又〈右下〉篇云『賞罰共，則禁令不行』；即此共字之義。下
云：『至於察君之分，獨分也』，『獨』與『共』，文正相對，亦其證
也。〈三守〉篇云：『愛人不獨利也，待譽而後利之；憎人不獨害也，

---

8 亦即與其說韓非學派認為只有如「刑賞」等「邦之利器」（語出〈喻老〉）才由君主
獨自執掌制定規則之權，不如說其派以此為例啟發讀者，規章制度與統治原則，皆
應由君主而不是其他人掌控制定權。

待非而後害之』，即此所謂『待共以為分』也」。陳啓天從其釋。[9]此處引文可視作對「賞罰共則禁令不行」更為明確之解釋：君主應獨自掌有賞罰的「制分」之權（亦即「獨分」）。此處「分」，是指賞罰所遵循的標準，亦即那些未必成文，卻實際上指導賞罰行動的法規與原則。[10]「持共以為分」即君主與臣下共同執掌「制分」權。在韓非學派那裡，與君主分享「法」的制定權將使臣下權力得以膨脹，甚或達到與君主抗衡的程度，因而是一件能夠變亂局勢的危險做法：《韓非子》作者不僅在實例方面羅列鮮血淋漓卻又一再上演的歷史典故，提醒君主臣下分享制法權實為君臣相殘、重人爭位的端倪，更在理論上從「臣主之利相與異」的觀點出發，屢屢強調嚴防臣下侵蝕君主制法權力的必要。[11]

針對「法」由君主制定所隱含的危險，其派亦有觸及。危險先是表現為君主以實際行動損壞自己制定的法律。如〈亡徵〉云：

> 好以智矯法，時以行雜公，法禁變易，號令數下者，可亡也。

所謂「以智矯法」即憑藉一己的見解改變既定之「法」，「以行雜公」

---

9 參見陳啓天：《增訂韓非子校釋》，頁830-831。

10 《韓非子》書中提出的規章，並非處處皆是「成文的」，有如前述。〈問辯〉云：「若其無法令而可以接詐、應變、生利、揣事者，上必采其言而責其實。言當，則有大利；不當，則有重罪。」此類建議一旦為統治者事實上採納，而未形成具文，則構成一項不成文，卻同樣是以賞罰為之背書的具體規章。此類具體規章與文中所謂「分」的原則，雖具體措辭各異，性質上卻仍是屬於「法」的。

11 〈孤憤〉有君臣異利之論，文云：「萬乘之患，大臣太重；千乘之患，左右太信；此人主之所公患也。且人臣有大罪，人主有大失，臣主之利與相異者也。何以明之哉？曰：主利在有能而任官，臣利在無能而得事；主利在有勞而爵祿，臣利在無功而富貴；主利在豪傑使能，臣利在朋黨用私。是以國地削而私家富，主上卑而大臣重。故主失勢而臣得國，主更稱蕃臣，而相室剖符。此人臣之所以謫主便私也……」

則會招致君主的政治體內不同的「法」並行於世的局面：一類是君主既定之「法」，一類則是將君主違背第一類「法」的那些實際行動作為可供遵循的先例，而形成事實上的規章。「法禁變易，號令數下」則是指君主頻繁運用制法權變換規章條令。這些舉措並未如前述臣下執掌制法權那般，在其派的政治倫理上存在不正當：君主既擁有此項權力，為何不能以實際行動制定事實上的新規章，為何不可依照自身的意志，隨時變換法令？其學派無法在正當性層面應對這類問題，只好在「效果」層面辯解：此舉不僅會嚴重影響長遠事業的穩定開展，更將損害統治者的權威。如〈飾邪〉云：

> 釋法禁而聽請謁，群臣賣官於上，取賞於下，是以利在私家，而威在群臣。故民無盡力事主之心，而務為交於上。民好上交，則貨財上流，而巧說者用。若是、則有功者愈少。奸臣愈進而材臣退，則主惑而不知所行、民聚而不知所道。此廢法禁、後功勞、舉名譽、聽請謁之失也。

所謂「釋法禁而聽請謁」恰可視作前引「以行雜公」的具體解釋，即君主在既有成法之外，又以實際行動為臣民樹立了另一種「法」：通過君主幸信之人的請託來獲得任官、封賞。引文提醒道，臣民將忽視既有的法令而遵循事實上運作的規則，放棄有利於國家的事業，而去諂媚君主幸信的臣下。這將招致秩序紊亂、國家衰敗。然而此種規勸的效果必定無從保證。因為制法權為君主本人掌有，一如其派所願；而往往由「中人」[12]充當的君主，其行為不可能時時為理智所支配，而保持著恆久的自律。

君主制法的危險，還表現在缺乏專業技能的君主，卻自矜其能、

---

12 〈難勢〉有「世之治者不絕於中」的評價，言君主資質平庸，才是大概率事件。

躬親制法的行為上。〈外儲說左上〉有云：

> 魏昭王欲與官事，謂孟嘗君曰：「寡人欲與官事。」君曰：「王
> 欲與官事，則何不試習讀法？」昭王讀法十餘簡而睡臥矣。王
> 曰：「寡人不能讀此法。」夫不躬親其勢柄，而欲為人臣所宜
> 為者也，睡不亦宜乎。

文中以「讀法十餘簡而睡臥」的描述，即彰顯出魏昭王的外行身份。
引文反對人君躬親「官事」的觀點，涉及到具體統治工作的技能要
求。在強調專業分工的職官制度已具雛形的戰國時代，許多統治行為
已需委託專門技能的人士。「法」的制定亦是如此──「以法為教」、
「以吏為師」（語出〈五蠹〉）的主張即可作為專業培訓方面的證明。
而在此領域缺乏必要知識的君主，何堪擔當此任。〈亡徵〉篇亦云：
「很剛而不和，愎諫而好勝，不顧社稷而輕為自信者，可亡也」；其
文諫言君主若罔顧自己在某一領域的無知而固執己見，同樣是一件危
險的事情。

　　由此，韓非學說一方面從君臣異利的觀點出發，憂心於大臣分享
制法權將引發政治體秩序的紊亂；一方面又顧慮作為外行，卻又大權
在握的君主，或以事實上的法外行動而擾亂既有規章，或因缺乏專業
技能而無法勝任制法工作。此即其派在「法」的制定問題上所面臨的
兩難處境。

　　其應對方法，是在君主執掌最終決定權的同時，將「法」具體內
容的起草，委託於有專業技能者。〈外儲說左上〉篇「經五」云：

> 《詩》曰：「不躬不親，庶民不信。」傳說之以「無衣紫」，緩
> 之以鄭簡、宋襄，責之以尊厚耕戰。夫不明分，不責誠，而以
> 躬親位下，且為「下走睡臥」，與去「掩弊微服」。孔丘不知，

故稱猶盂；鄒君不知，故先自僇。明主之道，如叔向賦獵，與
昭侯之奚聽也。

其文在批評統治者躬親其事的同時，提出以統治者的支配權（即前引
〈外儲說左上〉「說五」所謂「躬親其勢柄」）責成臣民去完成具體工
作的建議——即其所謂「責誠」。[13]「責誠」的具體方法是將事務委託
專門負責其事的職官，或有專門技能的人士代為處置。〈揚榷〉謂：
「夫物者有所宜，材者有所施，各處其宜，故上下無為。使雞司夜，
令狸執鼠，皆用其能，上乃無事。上有所長，事乃不方。矜而好能，
下之所欺；辯惠好生，下因其材。上下易用，國故不治。」君主能使
有專長者各盡其用，方可達成理想的「無為」狀態；「矜而好能」，親
自介入具體事務反而招致混亂。〈定法〉亦借批評公孫鞅，再行申明
此觀點。其文云：「今有法曰：『斬首者令為醫、匠。』則屋不成而病
不已。夫匠者，手巧也；而醫者，齊藥也。而以斬首之功為之，則不
當其能。今治官者，智、能也；今斬首者，勇力之所加也。以勇力之
所加而治者智、能之官，是以斬首之功為醫、匠也。」文中明確提出
職官皆需具有專門的「智、能」人士充任；起草「法」的具體內容，
亦應不與此相違。王世琯依據前引〈定法〉「憲令著於官府」之言、
〈難三〉「法者，著之圖籍，設之於官府，而布之於百姓者也」之
說，提出「法應當是由官吏規定」，韓非「以為法不一定要由人君親
自來規定，要有智術明法之士，由參驗而根據當時的現狀來釐訂
的……」[14]鄙意「法術之士」（亦即「智術能法之士」）所擔當的職責
與其稱為「釐訂」，不如稱為「起草」：法術之士代為設計「法」的具
體內容並未脫離人君的責成範圍，未影響其最終的認定權力。《韓非
子》所謂的「法術之士」實為其學說中應對各類危機的終極力量、其

---

13 其具體例證，參見其篇「說五」。
14 王世琯：《韓非子研究》，頁47-48。

學派理想人格的肉身化：他們不僅具備出色的專業技能，且能對君主保持著始終如一的服從與忠誠，甚至甘願面臨「不僇於吏誅，必死於私劍」（語出〈孤憤〉）的風險，挑戰君主身旁如「當塗重人」等種種消極因素，挽救整個政治體於危亡。他們的來臨，既消解了臣下以權謀私的危險，又彌補了君主專業技能的缺憾。

　　然而這看似機智的選擇，實則並未避免上述任何危險。不論形象完美的法術之士是否真的存在，規則的制定權只要集中於個人之手，規則的制定就處於不可制控的狀態：「能法之士」並無任何有效方法，阻止這個人恣意變換法規，或將製法權委託於他所寵信之人。[15]韓非學派及其所謂「能法之士」始終不享有製法權力；他們只能借助君權代理人的身份，才或許有施展其抱負的機會。其派確認君主具備廢立規章的全權，亦有為自身的制法理想爭取空間的考慮。只是一旦強調君主有此權力，就無法在「正確的」新規則制定之後，同時主張君主應當堅持這些規則。這一狀況正是制法權高度集中所致：立法權越是集中，（同等條件下）法規就越易於被改變；立法權一旦集中於個人，法律就必然淪為個人指令，隨著號令者的個人意願而變動。孟德斯鳩男爵（Charles de Secondat Montesquieu）所謂事實上無任何法律規章得到遵循，全由「單獨一人按照一己的意志與反覆無常的性情領導一切」的暴君制（despotism）[16]局面於是形成。這是就推理層面

---

15 《管子・七法》亦云：「國皆有法，而無使法必行之法。」蔣重躍老師亦提到法家所謂的法律與君主權力之間的牴牾：「對君主來說，他一面要利用成文法，加強自己的權力；另一方面，由於他的私欲無時無刻不在膨脹，因此注定要突破成文法的限制，在法律之外尋找活動的廣闊空間。從本質上說法律是無法限制君主的；由於無法限制君主，同樣也就無法限制奸臣，因為奸臣是極權君主制度永久性的寄生蟲，是借君主的權力而獲得法律之外的特權的階層。」參見蔣重躍師：《韓非子的政治思想》（北京：北京師範大學出版社，2010年），頁59。

16 這句話的英譯文可參考 Charles de Secondat Montesquieu, Anne M. Cohler, Basia C. Miller, & Harold S. Stone (eds) *The Spirit of the Laws,* Cambridge University Press, Cambridge, 1989, p. 10: "in despotic government, one alone, without law and without rule,

而言。就實踐層面來說，一個強大到可以顛覆一切既有規則的統治力量，又如何在事實上確保它能夠維持、遵循而不損毀法術之士所看重的新規則，抑或任何規則呢？梁任公評論說：「法家最大缺點，在立法權不能正本清源。彼宗因力言君主當『置法以自治立儀以自正』，力言人君『棄法而好行私謂之亂』。然問法何自出？誰實制之？則仍曰君主而已。夫法之立與廢，不過一事實中之兩面。立法權在何人，則廢法權即在其人，此理論上當然之結果也。」「夫人主而可以自由廢法立法，則彼宗所謂『抱法以待，則千世治而一世亂』者，其說固根本不能成立矣。就此點論，欲法治主義言之成理，最少亦須有如現代所謂立憲政體者以盾其後，而惜乎彼宗之未計及此也。」[17]我們從〈孤憤〉對「能法之士」只要不被君主信任即全無用武之地的慨歎中，亦可感受其作者在這一點上的萬般無奈。

只是此類顧慮與無奈，始終未對其學派堅持將制定規則的完整權力交付君主產生絲毫的影響。

第二節 「法」的高級原則

將功利與「孝悌忠順」作為「法」的高級原則，是《韓非子》作為統治原則抑或規章條令的「法」的又一突出特徵。

---

draws everything along by his will and his caprices." 中譯文參見孟德斯鳩：《論法的精神》上冊（北京：商務印書館，1961年），張雁深譯，頁8；正文中譯有改動。此外，林華先生翻譯阿蘭·瑞安（Alan Ryan）教授大著《論政治：從希羅多德至當代》時，將despotism一詞譯為「暴君制」。筆者以為此一譯法較「專制」一詞更為貼切，故從。Cf. Alan Ryan, *On Politics: A History of Politisal From Herodotus to the Present*, W. W. Norton & Company Inc., New York, 2012. p. 520; 阿蘭·瑞安：《論政治：從希羅多德至當代》（北京：中信出版集團，2016年），頁141。「專制」一詞的傳統用法，可參見李若暉：《中國古代對於君主專制的批判》，載《久曠大儀：漢代儒學政制研究》（北京：商務印書館，2018年），頁270-294。

17 梁啟超：《先秦政治思想史》，《飲冰室合集》第九冊，頁148-149。

　　此處所謂高級原則亦即「規章的規章」，是指效力高於具體的規章條令，須被（全部或局部）具體規章條令遵循的那些處置方法。此類原則需要滿足的條件僅在對人的約束力上，而不論其是否為正式的法律：倫理原則、宗教原則（如被認為是上帝神意的古代「自然法」[18]）甚或權威人士的意見。此類原則非但能夠指導低級規章條令的解釋與變更，且能用來彌補現行規章的不完備。針對後者，我們可以「罪刑法定」的原則為例來說明：無論刑法體系制定得如何完善，實際運作中仍有可能出現無法可依的事態；無法可依的狀況一出現，法官即需援引此原則「法無明文不為罪、法無禁止即自由」的內涵，宣告當事人無罪。於是刑法中一切無法可依的狀況，因此獲得了明確的處置原則。只有具備此類原則，法律規章的體系化才成為可能。

　　此類高級原則的使用效果，主要受到如許兩項因素的影響：一為社會的接受程度；此類原則在社會各個層面的認同度越高，就越有利於指導具體規章。毋庸贅言，大家都真心服從的原則一定比存在爭議的原則，更易於獲得各方的遵守。一為內容明確程度；高級原則的內容越是清楚明白，指導具體規章的效果就會越好。當然，此種明確並非指其內容要達到鉅細靡遺的程度，而只需針對具體事態，給出確定的價值取向。如前述「罪刑法定」之例中，直白的「不為罪」一定比「酌情處置」更能有效彌補現行規章的缺憾。

　　在其派看來，能夠成為「法」的高級原則的，有功利的權衡與〈忠孝〉篇的「孝悌忠順之道」二者。功利的權衡，《韓非子》書中常有提及，如〈八說〉云：

> 法所以制事，事所以名功也。法有立而有難，權其難而事成，則立之；事成而有害，權其害而功多，則為之。無難之法，無

---

18 例如，查士丁尼：《法學總論》（北京：商務印書館，1989年），張企泰譯，頁11。

害之功，天下無有也。[19]

引文將「法」用作具體事務的規範，而事務則用來達成效用之目的。所以「法」的制定、事務的抉擇，皆是以功利上的利害權衡而非倫理上的評判為最終標準。不僅如此，功利對其派來說還是評價一切說辭與行為的原則。〈問辯〉云：

> 今聽言觀行，不以功用為之的彀，言雖至察，行雖至堅，則妄發之說也。

如果一切法規、一切的事件與言行皆須以功用為「的彀」，那麼功利即可被視作統攝一切的最高原則。於是我們可依據上面那些因素，來判斷功利作為高級原則的運作效果。[20]

功利的社會接受程度如何？若根據《韓非子》的描述，作為一個抽象概念的功利，其社會接受度甚高：不僅其書所摹畫之廣泛的趨利行為常為讀者留下深刻印象，且「趨利避害」被其派上升到「人情」（人之情實）的高度，成為賞罰二柄的依據。[21]此種抽象的功利，似是極具效果的高級原則。然就更深一層來說，《韓非子》作者卻聲稱功利絕非將一切人團結起來的因素——即使在一個特定的政治體內部亦是如此。恰恰相反，政治體內部充斥著利害相遠甚或相反的狀況。針對君民、君臣甚至君主的至親的異利關係，《韓非子》多有強調。

---

19 類似的觀點，還有《南面》：「舉世有道，計其入多，其出少者，可為也」等。

20 王邦雄先生亦關注到「韓非之法理，幾乎全出於功利主義的實用觀點。」見王邦雄：《韓非子的哲學》（臺北：東大圖書公司，1983年），頁154。

21 針對廣泛趨利行為的事例，如〈備內〉所列舉醫人、輿人與匠人事例；等等。針對趨避的人情，如〈姦劫弒臣〉謂「夫安利者就之，危害者去之，此人之情也」；等等。針對賞罰二柄以「人情」為基礎，如「凡治天下，必因人情；人情者，有好惡，故賞罰可用；賞罰可用，則禁令可立而治道具矣」；等等。

如就君民來說，〈五蠹〉有云：

> 公私之相背也，乃蒼頡固以知之矣。今以為同利者，不察之患
> 也，然則為匹夫計者，莫如修行義而習文學。行義修則見信，
> 見信則受事；文學習則為明師，為明師則顯榮：此匹夫之美
> 也。然則無功而受事，無爵而顯榮，為有政如此，則國必亂，
> 主必危矣。

就君臣來說，〈八經〉有云：

> 知臣主之異利者王，以為同者劫，與共事者殺。

〈孤憤〉又云：

> 萬乘之患，大臣太重；千乘之患，左右太信；此人主之所公患
> 也。……臣主之利與相異者也。何以明之哉？曰：主利在有能
> 而任官，臣利在無能而得事；主利在有勞而爵祿，臣利在無功
> 而富貴；主利在豪傑使能，臣利在朋黨用私。是以國地削而私
> 家富，主上卑而大臣重。故主失勢而臣得國，主更稱蕃臣，而
> 相室剖符。此人臣之所以譎主便私也。

針對君主與其家人的異利，〈備內〉篇更有大篇幅的申說。此種君主
與臣民廣泛存在的利害相反的關係若真如其言，[22]那麼政治體內的共

---

22 這些危言聳聽的內容，並不符合戰國時代的現實狀況。尹振環、尤銳（Yuri
Pines）二位先生先後做出過評論。尤銳先生說：「在晉國和齊國的舊公室被剝奪統
治後的一百五十年，發生了篡位事件的國家屈指可數：宋國、周王室的分支以及燕
國的子之事件。這清楚明白的反映出韓非子所謂大臣謀亂的路數僅是一種罕見之

同利益就更無從成立。[23]既如此，韓非學派最終的立場就會變得重要：其派如站在臣民的利益角度，就會得到後者的真心認同；如若站在君主這一邊，那麼在臣民那裡就不僅不會產生認同，還會產生反感。很明顯，韓非終究是站在君主這一邊的（這一點與「術」[24]不同）——這也就可以理解其派的統治策略為什麼保持著明顯的壓制性。[25]然即使如此，功利作為「法」的高級原則，也很難達成積極的效果。

事。整個戰國時代，只有六個君主為臣下所弒，相比春秋時代，數量顯得相當少。」參見尹振環：〈從王位繼承和弒君看君主專制理論的逐步形成〉，《中國史研究》1987年第4期；Yuri Pines, *Envisioning eternal empire: Chinese political thought of the Warring States era*, University of Hawai『i Press, Honolulu, 2009, p. 244. Notes 59.

23 Cf. Paul R. Goldin, Han Fei's Doctrine of Self-interest, *Asian Philosophy*, 11:3, 2001.

24 見本書第三章，第二節。

25 Cf. e. g. Arthur Waley, *Three Ways of Thought in Ancient China*, George Allen & Unwin Ltd., London, 1939, pp. 209-210; Paul R. Goldin, "Introduction：Han Fei and the *Han Feizi*," *Dao Companion to the Philosophy of Han Fei*, Paul R. Goldin (Ed), p. 4. 此外，〈用人〉篇有「順人，則刑罰省而令行」以及「厚誅薄罪，久怨細過……是斷手而續以玉也，故世有易身之患」；〈安危〉有「明主之道，忠法，其法忠心，故臨之而治，去之而思；堯無膠漆之約於當世而道行，舜無置錐之地於後世而德結。能立道於往古而重德於萬世者之謂明主」等「法」適於民意的建議。然而這只是實現統治者功利的目標的具體手法，並非為順應民心而順應民心，順應民心甚至不屬於韓非學派一項確切的、始終堅持的建議。〈奸劫弒臣〉即云「夫嚴刑重罰者，民之所惡也，而國之所以治也；哀憐百姓輕刑罰者，民之所喜，而國之所以危也。聖人為法國者，必逆於世，而順於道德。」不僅如此，韓非更進一步宣稱，統治者不能將滿足被統治者的利益作為執政目標。因為他們的利益是根本無法被滿足的。〈六反〉云：「今學者皆道書筴之頌語，不察當世之實事，曰：『上不愛民，賦斂常重，則用不足而下恐上，故天下大亂。』此以為足其財用以加愛焉，雖輕刑罰可以治也。此言不然矣。」「老聃有言曰：『知足不辱，知止不殆。』夫以殆辱之故而不求於足之外者，老聃也。今以為足民而可以治，是以民為皆如老聃也。故桀貴在天子，而不足於尊；富有四海之內，而不足於寶。君人者雖足民，不能足使為君天子，而桀未必以為天子為足也，則雖足民，何可以為治也？」由此，朱瑞祥先生將「適民心」作為韓非立法原則，似有進一步討論的餘地。參見朱瑞祥：《韓非政治思想之剖析》（臺北：黎明文化事業公司，1990年），頁10。

　　功利可否明確地指導具體事態？答案仍是否定的。因為針對同樣的事態，常有不同的功利權衡。譬如秦國的軍功授爵，贊同者多著眼於立竿見影的效用，認為這顯然是一項快速提升軍隊作戰積極性的舉措——秦滅六國明顯受到了它的推動作用。反對者常著眼於長遠的利害關係，聲稱這將使軍隊熱衷作戰、反對駐防；因為依據軍功授爵之規章，只有作戰才能獲得軍功；強令軍隊駐防於和平區域，意味著斷送了這些軍人的前程：秦的中原帝國建立之後，軍事主力負責與北方的匈奴、南方的百越繼續作戰，兵力空虛的中原核心地區則留待「舉大計」的各路豪傑；秦廷作此冒險佈置，很難說沒有為避免軍隊嘩變而迎合其建功需求之意——亦即軍功授爵之加速秦王朝的覆亡，一如其推動秦王朝的創建，成為前引「無難之法，無害之功，天下無有」的生動注腳。[26]這個例子提醒世人利害取捨的主觀性與複雜性。利害關係最終是出於當事人自身的主觀判斷，而不是具有惟一正確答案的兒童數學題；面對同樣的情勢，知識結構、個人好惡以及思維習慣不同之人往往取捨不同，同一人甚或猶疑不決：同樣是抉擇者，是看重短期利益還是長遠利益？他對這二者的主觀判斷可否準確？……凡此種種，皆成問題。這些問題的存在，說明了功利作為高級原則，亦不能如「法無明文不為罪」那般客觀明確、始終如一。由此，功利原則既因韓非學派的君主本位色彩，以及人君與臣民利益的廣泛對立而無從獲得社會各界真心認同，又因其不可避免的主觀性，而不能將明確而始終如一答案給予具體事態。它作為「法」的高級原則無疑是失敗的。這將招致其學派所謂的「法」既無從彌補現行規章的缺憾，又無法成為完備的體系，甚或根本無從構成某種體系。

　　作為另一高級原則的「孝悌忠順之道」出自〈忠孝〉篇，是指君臣、父子與夫婦間單向的服從統屬關係。其文云：

---

26 事見《史記・秦本紀》、《史記・秦始皇本紀》。

> 臣之所聞曰：「臣事君，子事父，妻事夫。三者順則天下治，
> 三者逆則天下亂，此天下之常道也。」明王賢臣而弗易也，則
> 人主雖不肖，臣不敢侵也。

文中「臣事君，子事父，妻事夫」，也就是君臣、父子、夫妻之間，
皆是後者服從前者、接受前者支配。引文「人主雖不肖，臣不敢侵
也」亦適用於父子、夫妻那裡：君、父、夫即使無能力、無人品，
臣、子、妻仍須堅持服從其支配。篇文又云：

> 所謂忠臣，不危其君；孝子，不非其親。

後文對此二句有進一步的解釋：「孝子之事父也，非竸取父之家也；
忠臣之事君也，非竸取君之國也。夫為人子而常譽他人之親曰：『某
子之親，夜寢早起，強力生財，以養子孫臣妾。』是誹謗其親者也。
為人臣，常譽先王之德厚而願之，誹謗其君者也。非其親者，知謂之
不孝，而非其君者，天下賢之，此所以亂也。」也就是說臣、子不僅
不可反對其君、父，即使批評非議也是不可以的。其篇更列舉極端的
例子，稱：

> 湯、武為人臣而弒其主、刑其尸，而天下譽之，此天下所以至
> 今不治者也。

這就是說，即使君父是桀紂那樣的混帳，臣子也仍需順從他的支配，
跟從他辦出種種蠢事，犯下樁樁罪行。

「孝悌忠順」原則有三項特徵：一是單向性。不論《左傳》所示
周代傳統的倫理，漢代所傳習的《儀禮‧喪服》經傳所謂「三至
親」、「三至尊」原則，還是《荀子‧君道》所謂「君臣、父子、兄

弟、夫婦」等倫理規範，皆對兩兩出現（如「三至親」中的父與子、夫與妻、兄與弟）的倫理主體雙方分別提出要求。[27]相比之下，韓非的上述原則卻僅是單方面責成其中一方順從於另一方，故謂之單向性。二是恆常性。亦即前引「天下之常道」，「明王賢臣而弗易」所指，其內容是不隨時代而變動的倫理原則。

「孝悌忠順」作為「法」的高級原則，效果又將如何？雖在社會接受程度上，我們今天已不能探究得很清楚：漢代轅固生與祖述此原則的黃生有被記載的爭辯（見《史記‧儒林列傳》），反映出這一原則的社會影響，及其所具有的爭議。[28]但在內容明確程度而言，其原則

---

27 《尚書‧堯典》謂「敬敷五教」；《左傳》載史克解釋謂：「舜……舉八元，使布五教於四方，父義、母慈、兄友、弟共、子孝，內平外成。」《儀禮‧喪服》經傳有「三至尊」、「三至親」之說；《喪服傳》謂：「父，至尊也」；「君，至尊也」；「夫，至尊也」。又謂：「父子，一體也；夫妻，一體也；昆弟，一體也。」《左傳》有及周代傳統雙向倫理者，如晏子謂：「君令，臣共，父慈，子孝，兄愛，弟敬，夫和，妻柔，姑慈，婦聽，禮也。君令而不違，臣共而不貳；父慈而教，子孝而箴；兄愛而友，弟敬而順；夫和而義，妻柔而正；姑慈而從，婦聽而婉」；石碏所謂：「君義、臣行、父慈、子孝、兄愛、弟敬，所謂六順也。」《荀子‧君道》謂：「請問為人君？曰：以禮分施，均遍而不偏。請問為人臣？曰：以禮待君，忠順而不懈。請問為人父？曰：寬惠而有禮。請問為人子？曰：敬愛而致文。請問為人兄？曰：慈愛而見友。請問為人弟？曰：敬詘而不苟。請問為人夫？曰：致功而不流，致臨而有辨。請問為人妻？曰：夫有禮，則柔從聽侍；夫無禮，則恐懼而自竦也。此道也，偏立而亂，俱立而治，其足以稽矣」；等等。參見《尚書‧堯典》、《儀禮‧喪服》、《左傳‧隱公三年》、《左傳‧文公十八年》、《左傳‧昭公二十六年》、《荀子‧王制》、《荀子‧君道》等。針對上述倫理「雙向性」特徵的研究，可參見吳承仕：《五倫說之歷史觀》、《中國古代社會研究者對於喪服應認識的幾個根本觀念》，載《吳承仕文錄》（北京：北京師範大學出版社，1982年），頁1-10、11-29；丁鼎：《〈儀禮‧喪服〉考論》（北京：社會科學文獻出版社，2003年）；李若暉：〈以人倫為制度〉、〈「親親」「尊尊」之間的斷崖〉，載《久曠大儀：漢代儒學政制研究》，頁107-132、133-173；等等。因本部分討論目的不在此故，未置詳論為歉。

28 董仲舒所倡與之多有近似（或曰對其多有繼承）的「三綱」，竟漸趨興起並深入人心；其專制主義性格亦對後世之傳統中國荼毒深遠。認為〈忠孝〉此原則為「三綱」淵源或起始的學者，如童書業、朱貽庭先生等。參見童書業：《先秦七子思想研究》（上海：上海人民出版社，2019年），頁227-228；朱貽庭：《中國傳統倫理思想史》（上海：華東師範大學出版社，1994年），頁211。

不可謂不簡單有效：它清晰判然地規定著臣、子、妻對君、父、夫之
服從關係。如果此原則能夠為其他具體規章所遵循，那麼韓非的各類
「法」將在其統攝之下構成暴君制的規則體系。

　　然而此處仍有問題：即使〈忠孝〉篇是出自韓非學派的話，[29]
「孝悌忠順」原則與韓非有關法規的其他原則也仍存在諸多衝突，在
可否統攝其他法規方面令人疑惑。如韓非在「法」制定方面主張事異
備變、「不法常可」（〈五蠹〉），此處卻又推銷弗易之「常道」；韓非列
舉直躬、魯人之例，提出事父與事君的矛盾（「君之直臣，父之暴
子」、「父之孝子，君之背臣」），此處卻又並列「孝悌忠順」；更不必
說韓非學派在不務法術、養非所用等各個層面屢屢指責人君，卻又在
此篇將非議其君作為違反倫理的行為等細節。

　　但這並不妨礙其相互存在矛盾關係的各項觀點，事實上可得並行
的狀態。英語詞彙 paradox，有「看似矛盾或不合常理，卻可能真實
的表述」（a statement that is seemingly contradictory or opposed to
common sense and yet is perhaps true）[30]的義項，恰可形容此種情形。

---

29 學界對〈忠孝〉作者所屬學派有質疑，更令這個議題頭緒紛繁。參見太田方：《韓
　　非子翼毳・忠孝》，嚴靈峰編：《無求備齋韓非子集成》影印日本大正六年東京富山
　　房排印本；鄭良樹：《韓非之著述及思想》（臺北：臺灣學生書局，1993年），頁360-
　　361。針對其篇作者的學派歸屬，目前證據的不充分使我們不得不分情況討論。筆
　　者將可能性約略分為兩種：〈忠孝〉篇實為其他學派的作品而摻入《韓非子》書
　　中，或〈忠孝〉篇仍是出於其學派之手。若是前一種情況，則逕自忽視這一「孝悌
　　忠順」原則即可。後一情況則較複雜，又可分為三種可能：A. 其學派中兩種意見
　　同時存在；B. 其派從主張「不法常可」轉向揭櫫弗易之「常道」；C. 其派從提倡弗
　　易的「常道」轉向「不法常可」的觀點。第一種可能，是其學派在這個問題上出現
　　分裂，或其學說出現內在矛盾：在事異備變的堅持者那裡，「法」（從高級原則到具
　　體條令）的制定全權仍由時下的統治者持有——後者可用時代的特殊性拒絕普遍的
　　原則；而「孝悌忠順」的提倡者，正是將一普遍原則放諸一切時代。第二種可能，
　　反映了其學派對「法」如何贊助暴君制方面的認識趨於深化。第三種可能（雖然這
　　種可能性並不大，如太田方所指出，「黔首」或許是較晚才流行起來的詞彙），則反
　　映出其學派的沒落走勢：毀棄普遍原則，或將加劇無秩序狀態的威脅。

30 *Webster's Ninth New Collegiate Dictionary*, Merriam-Webster Inc., Massachusetts, 1991,
　　p. 853.

孟德斯鳩與博登海默教授（Edgar Boden-heimer）先後提出過暴君制
與規章秩序雖有相悖卻可並行的觀點，為此種「相互矛盾」的事物之
同時成立，提供了可供我們分析的具體例子。孟德斯鳩在《論法的精
神》中提出：

> 人們曾想使法律與暴君制並行，但是任何東西和暴君制聯繫起
> 來，便失掉了自己的力量。中國的暴君制，在禍患無窮的壓力
> 之下，雖然曾經願意給自己戴上鎖鏈，但都徒勞無益；它用自
> 己的鎖鏈武裝了自己，而變得更為兇暴。[31]

對孟氏來說，此處對「與法律並行」之暴君制的描述，與前文所引
「既無法律又無規章，由一個人依照一己的意志而反覆無常的性情領
導著一切」的概括看似相悖，在實際上卻能行得通：此種與法並行的
暴君制下，君主「變動不居的一己意志」使相關的法律失去穩定性
（亦即引文「任何東西和暴君制聯繫起來，便失掉了自己的力量」）；
然法律即使變動不居，對臣民仍具有強制力；此強制力又使君主的那
些指令得以貫徹（「用自己的鎖鏈武裝了自己」）。換言之，法律淪為
了暴君的幫凶。博登海默對此看似矛盾的狀況有更清晰的解釋：

> 純粹的（按，即理論上的）暴君制是根據其君主自由的無限制
> 的意志、偶然的性致或一時的情緒來頒佈命令和禁令的。某一
> 天，他會因一個人偷了一匹馬而判他死刑；而次日他卻會宣判

---

31 英譯文可參考Charles de Secondat Montesquieu, Anne M. Cohler, Basia C. Miller, &
Harold S. Stone (eds), The Spirit of the Laws, p. 128: "Some have wanted to have laws
reign along with despotism, but whatever is joined to despotism no longer has force. This
despotism, beset by its misfortunes, has wanted in vain to curb itself; it arms itself with its
chains and becomes yet more terrible." 中譯文參見孟德斯鳩：《論法的精神》上冊，
張雁深譯，頁129；有改動。

另一個偷馬賊無罪，因為當該賊被帶到他面前時，講給他一個逗樂的笑話。一個受寵的朝臣可能會突然被關進大獄，因為他在一次棋賽中戰勝了一個帕夏（Pasha）。……這種純粹的暴君制君主，其行為是不可預期的，因為這些行為並不遵循理性模式，不受明文規定的規章或政策約束。

然而歷史上記載的大多數暴君制形式，並不具有上述純粹暴君制的某些極端特徵，因為某些根深蒂固的社會慣例或階層習慣一般還會受到暴君的尊重，而私人間的財產權與家庭關係通常也不會被擾亂。再者，一個具有無限權力的政府，也可以通過闡明某種闡明其政策之基本宗旨的意識形態，而為其行動提供某種方向。然而，這種意識形態框架所提供的官方行動的可預見程度，卻可能是極為有限的……

……實際上同授予專斷權力並無差別的那種自由裁量權，也可以在法律的外衣下授予某個政府機構。從社會學的角度來看，把愈來愈多的、含混的、極具彈性的、過於寬泛的和不準確的規定引入法律制度（特別是政治性的刑法領域）之中，無異於對法律的毀棄和對某種形式的暴君制的肯定……[32]

博氏看來，純粹的（亦即排斥一切原則規章的）暴君制僅存在於觀念裡，不存在於歷史上；歷史上的暴君制皆在不同程度上與原則規章並行於世。暴君制下的法律，往往晦澀含混、自相矛盾：法律越是晦澀含混，統治者就越是可以任意行使權力；法律越是自相矛盾，統治者就越是具有聽憑個人意願取捨的自由。

---

32 Edgar Bodenheimer, *Jurisprudence: The Philosophy and Method of the Law*, Harvard University Press, Massachusetts, 1974, pp. 183-184. 譯文引自博登海默：《法理學：法律哲學與法律方法》（北京：中國政法大學出版社，2004年），鄧正來譯，頁244-245。有改動。

　　這個解釋框架，非常適於理解韓非學說中「事異備變」的變法思想與「孝悌忠順」的永恆原則之間的關係。「不法常可」在規則制定領域授予君主無限的權力，君主可以此為由，毀棄任何既有規章，制定任何想要制定的「法」；[33]「孝悌忠順」則要求無論君主如何恣意發佈指令，臣民也要永遠順從，永不能反對或非議他。這或許就是韓非「法」思想事實上最為核心的精神。而二者間的抵牾以及統治原則、規章條令間種種相互矛盾，反而在事實上為統治者自由地選擇取捨提供著正當性方面的依據。

＊　　　＊　　　＊

　　本部分內容側重討論韓非學說中「法」的制定及其高級原則，而對「法」的貫徹執行問題未予專門的討論。這是由於後者與「法」的制定問題在某種意義上具有高度相似的結構。只要大權集於君主之手，其貫徹執行層面事實上就處於某種無從控制的狀態：一如「法」的制定，法術之士依賴於人君的權力維持「法」的權威。一旦這個必須依賴的權力不再堅持，「法」就會立即陷入一紙具文的境地。

　　博登海默說，法律就本質而言是一種對專斷權力的限制。[34]那麼韓非學派採取何種方式瓦解了這種本質呢？或許是這三點：首先，將「法」的實際制定權集中於君主一身。據此權力，君主既可依制定符合自己意願的「法」，又可制定各種例外狀況。其次，不針對法的制

---

33 黃裕宜先生認為，韓非主張「因人情」與「因自然」的「立法原則」；見黃裕宜《〈韓非子〉的規範思想——以倫理、法律、邏輯為論》（臺北：花木蘭文化出版社，2009年），頁132-143。鄙意這些原則皆是就支配效果，而非是否成為「法」（亦即法若未及此，則是否應被遵守）而言。而且「因自然」原則中所謂「自然」，乃指向自然界客觀的物理法則而言，而非自然法學派所謂高居人世間君王之上的「自然法」。毋庸諱言，任何違背此類法則的意志皆無法達成目的：即使納粹的瘋狂屠殺也要遵循生物法則，對受難者施以致命毒劑而非香油；即使最具壓榨性的虐政，也不能強令治下的臣僕如犬馬那般，生出四條腿來。

34 Edgar Bodenheimer, Jurisprudence: *The Philosophy and Method of the Law*, p. 184.

定過程，作正規程序上的設置；只須君主同意、無需啟動任何程序即可廢立法規的狀況，讓「法」的制定成本大大降低，君主甚至能夠通過逕自行動來樹立先例。再次，條令或原則上規定對具有某種身份的人領導地位的服從。此一設置有意混淆了法治與人治的差別，讓民眾明明是在服從著特定的人，卻以為自己是在服從著法律，甚或把對某些人的服從，等同於對法律本身的服從。

這或許就是韓非「法」學說留給我們的最有價值的教訓。

第二章　勢

　　韓非學說中，「勢」與「法術」往往被認為處在一個重要的位置，[1]甚至是中心位置（central ideas）上。[2]勢的涵義與特點是本部分想要面對的問題。它們很大程度上影響著我們對其學派政治學說的評價。

第一節　「勢」的涵義

　　「勢」在《韓非子》中出現了一七一次。在討論韓非一派與其相關學說之前，我們需要辨別它在該書文本中的詞義。「勢」亦作「埶」[3]，在古代文獻中義項較多。僅朱駿聲《說文通訓定聲》中，即收錄了「埶」或「勢」有「穜」、「種」、「藝」、「治」、「力」、「形

1　例如陳烈：《法家政治哲學》（上海：華通書局，1929年），頁83；周勳初：《〈韓非子〉札記》（南京：江蘇人民出版社，1980年），頁52；楊幼炯：《中國政治思想史》（北京：商務印書館，1998年），頁155；Benjamin I. Schwartz, *The World of Thought In Ancient China,* Harvard University Press, Cambrige, MA., 1985, pp. 343-345; Roger T. Ames, *The Art of Rulership: A Study of Ancient Chinese Political Thought,* State University of New York Press, New York, 1994, p. 87; etc.

2　例如高柏園：《韓非哲學研究》（臺北：文津出版社，2001年），頁97。

3　徐鉉：《說文新附・力部》謂「勢，盛力，權也。從力，埶聲」；段注《說文》云：「《說文》無勢字，蓋古用『埶』為之，如《禮運》『在埶者去』是也。」王筠《說文解字句讀》、高翔麟《說文字通》，亦提及之。朱駿聲分析說，「埶」本義為「種」，引申為「力」，理由是「埶植用力最勞」。見《說林解字詁林正補合編》第三冊，頁970-971。

埶」、「事」、「親」、「謀略」、「埶位」、「權勢」、「事業」、「班列」、
「材」、「才技」、「質」、「準」、「極」、「的」、「法制」、「常」、「蒔」等
眾多的義項或用法。[4]就其義項的源流演變，章太炎先生有一種較為
明晰的解釋：

> 問曰：《說文》：「埶，種也。」今字作藝。《周官》言六藝。又
> 變為勢，言形勢、氣勢，何所依準而得是名？
> 答曰：藝之名起於曲藝，《考工記》曰：「審曲面埶」。鄭司農
> 以為審察五材曲直方面形埶之宜，蓋未諦。埶讀為臬，言藝極
> 者，即是臬極。《考工記》亦以槷為臬，《匠人》「置槷以縣」。
> 鄭君謂「槷，古文臬假借字，於所平之地中央樹八尺之臬，以
> 縣正之」，其用縣者亦必於四角立植而縣以水，植亦臬也。面
> 讀如《笙賦》「審洪纖，面短長」之面，向也。審曲者，審
> 巨；面臬者，視縣，此百工必用審曲面臬之術，亦即謂之曲
> 臬。亦作曲藝。《文王世子》云：「曲藝皆誓之」。《莊子》言：
> 「一曲之士」。一曲者，一技也。《地官》言六藝，六藝者，六
> 術也。其字正當作臬，由臬引申而得斯義。至《保氏》以禮、
> 樂、射、御、書、數為六藝，漢世以六經為六藝……藝之為臬
> 則一也。……《說文》臬本訓射準的，故諸表弋皆謂之臬。臬
> 以測景、辨方，故引申為形勢，勢亦借為臬字，由形勢以定趣
> 向，故引申為氣勢，勢亦借為臬字。[5]

根據章先生觀點，古代「槷／藝／埶」字作「臬」之假借字，後者表

4　朱駿聲：《說文通訓定聲‧泰部》（北京：中華書局影印本，1984年），頁678。

5　章太炎：〈小學答問〉，《章太炎全集》第一輯（上海：上海人民出版社，2014年），
　　卷7，頁471-472。劉師培亦有近似觀點。參見劉師培：《古文字攷》，「埶」字條目，
　　《說文解字詁林正補合編》第三冊，頁971。

示一種裝配了繩索的箭（「弋」），又表示以繩子牽引重心的用來測量垂直的工具。射弋或引申出趨向，趨勢的意義，測量或引申出情形，處境，位置（position）等義項，位置又會引申出地位（status）的意義。射弋和測量，都涉及到力量，所以又引申出「力」、「權力」（power）的意義──即《說文新附・力部》所謂「勢，盛力，權也」。

前賢對《韓非子》中「勢」涵義的主要觀點，可略分類如許：

「位置」類觀點；亦即認為韓非子一派所謂「勢」，是表示位置（position）性的存在。例如廖文奎（W. K. Liao）認為像《韓非子・難勢》篇出現的「勢」觀念暗含客觀的「境況／處境」（原文作 "circumstance" objectively）與主觀的「影響」（"influence" subjectively），然而更接近「位」（status）的意義。[6]張岱年認為，慎到、韓非論勢，專指「與『賢智』對立起來的」「勢位」、「權位」而言。[7]陳奇猷二〇〇〇年出版之《韓非子新校注》中，亦將〈功名〉、〈難勢〉等篇的勢理解為「勢位」。[8]

「力」類觀點；亦即認為勢為某種形式的作用力（power）。其觀點又可細分為六種：一、力量／權力（power）說，認為勢在性質上屬於作用力，而不再細究屬於何種作用力。如飯塚由樹稱：「勢是君主的統治力量和抑制力量」，將君主的權力，以及對此具有抑制作用的力量，一併歸諸「勢」的範圍。[9]陶希聖稱：「勢是權力」；呂振羽亦釋之為「權力」或「強制權力」；王叔岷援引《淮南子・脩務》「各有其自然之勢」，高誘所注「勢，力也」，認為《韓非子》「或威勢連文，或威與勢分用，威與勢並謂權力也。」韋政通、孫開太、陳蕙

6　W. K. Liao, *The Complete Works of Han Fei Tzu*, Vol. II., Arthur Probsthain, London, 1959, pp. 199-206.

7　張岱年：《中國古代哲學概念範疇要論》（北京：中華書局，2017年），頁160。

8　陳奇猷：《韓非子新校注》（上海：上海古籍出版社，2000年），頁939-940。

9　飯塚由樹：《〈韓非子〉中法、術、勢三者的關係》。

娟、張靜雯等亦持「權力」觀點。[10]二、「統治權力」說，認為勢是為統治者用以統治的力量。如趙海金稱：「勢者，乃為統治眾人之權力，亦即現代政治學上所謂統治權」，「具有普遍之強制力及惟一之最高性」。[11]谷方亦稱：「『勢』即權勢，主要是指君主的統治權力。」[12]三、「主權」說，用西洋「主權」觀念來解釋勢。如陳啓天稱「韓非政治學中的勢論」，「就是西洋所謂主權論」；「韓非以為勢須操於君主，也與近代主權在君說相同」；「凡論及勢者，可統名曰『主權論』」。林緯毅亦採此說。[13]四、「權威」說，將勢理解為「權威」（authority）──因 authority 與現代漢語「權威」本身即有權力的義項，故將此類觀點置於此處[14]。此說可再細分：有僅言「權威」，而對此涵義未有進一步限定的觀點。如謝無量稱：「陰雨時而順於人，而假之以為權威，即所謂勢也」。[15]梁啟雄稱：「《韓子》書中『權勢』、『勢重』、『威勢』均見，歸納起來，『勢』字有『權威』意」；

---

10 參見陶希聖：《中國政治思想史》（北京：中國大百科全書出版社，2011年），頁215；呂振羽：《中國政治思想史》（上海：生活書店，1947年），頁199-200；王叔岷：《先秦道法思想講稿》（北京：中華書局，2007年），頁257；韋政通：《中國思想史》，頁257-259；何兆武等編：《中國思想發展史》（武漢：湖北人民出版社，2007年），頁38；陳蕙娟：《韓非子哲學新探》（臺北：文史哲出版社，2004年），頁159-163；張靜雯：《韓非法治思想研究》（臺北：花木蘭文化出版社，2009年），頁66。此外，郭沫若將「勢」解為「權勢」的嘗試，筆者依據其語境，認為此「權勢」意義亦傾向於「權力」。見郭沫若：《十批判書》（北京：人民出版社，1954年），頁307-313。

11 趙海金：《韓非子研究》（臺北：正中書局，1967年），頁63。

12 谷方：《韓非與中國文化》（貴陽：貴州人民出版社，1996年），頁170；張覺：《韓非子考論》（北京：知識產權出版社，2013年），頁103。此外，嵇文甫、黎紅雷等先生亦有此類觀點。見嵇文甫：《春秋戰國思想史話》，頁98-99；馮達文、郭齊勇主編：《新編中國哲學史》，頁196。

13 陳啟天：《增訂韓非子校釋》，頁63、948-950；林緯毅：《法儒相容：韓非子的歷史考察》（臺北：文津出版社，2004年），頁127-128。前賢此處言「主權」，多側重於該詞「最高權力」義項而言；故置諸此類。

14 當然，權威還有對權力的接受與支持等諸多義項。如後引史華茲先生所言。

15 謝無量：《韓非》（上海：中華書局，1932年），頁130。

「勢是君主的重權尊位形成的威勢，是控制臣民的憑藉力量」。[16]尤銳
（Yuri Pines）亦將勢釋作「權威」（authority）。[17]又有「神秘權威」
（principle of the mystery of authority）的觀點，強調「勢」具備某種
神秘性。如史華茲（Benjamin I. Schwartz）評價《韓非子・難勢》篇
稱：「在韓非子的綜合體系中，我們發現了據他看來是商鞅和申不害
都忽視的第三種成分，即慎到的神秘權威原則」；[18]此「神秘權威」的
精髓，並非「權力」或「權威」本身，而是使被統治者接受權威的神
秘性質、神秘力量。史氏解釋說，「與韋伯（Max Weber）一樣，慎到
敏銳地注意到這樣一個事實：與其說權威（authority）以強制力
（coercion）為基礎，毋寧說強制力建立於對權威的接受上。人民何
以會接受統治者的命令呢？——因為人民的人數眾多，而最高統治者
僅僅一人，至今這仍然是權威的終極之謎。沒有權威，統治者就不能
成為所有的非人格化的法典和維繫著整個社會秩序的控制機制的終極
根源。的確，當系統運行的時候，系統本身為統治者的形象罩上了神
秘的外罩，增強了遙不可及的感覺；但是，最終還是要依靠環繞在統
治者頭上的符號化的權威光環（symbolic aura），系統才有可能運行起
來。如果不能將這一光環內化到人民的心靈中，整個體系就很容易崩
潰。」也就是說，「要想讓權威真正成為權威，在某種意義上又終究
要立基於某種事先存在的神秘性（preexistent mystery）上。」[19]五、

---

16 梁啟雄：《韓子淺解》，嚴靈峰編：《無求備齋韓非子集成》影印1960年排印本，頁
　　390，前言頁11。

17 Cf. Yuri Pines, *Envisioning Eternal Empire: Chinese Political Thought of the Warring
　　States Era,* University of Hawai'i Press, Honolulu, 2009, pp. 102-103. Moreover, Derk
　　Bodde equal *Shi* to 'power' or 'authority'. Cf. Fung, *History of Chinese Philosophy : The
　　period of the Philosophers,* translated by Derk Bodde, p. 318ff.; qtd. in W. K. Liao, *The
　　Complete Works of Han Fei Tzu,* Vol. II., p. 199.

18 Benjamin I. Schwartz, *The World of Thought In Ancient China,* pp.39-340.

19 Benjamin I. Schwartz, *The World of Thought In Ancient China,* p.340. 中譯可參考本傑
　　明・史華茲：《古代中國的思想世界》（南京：江蘇人民出版社，2008年），程鋼
　　譯，頁458-459；譯文有改動。

「統治權」與「主權」的結合。如黃秀琴稱：「勢論，就是現代政治學所稱『主權論』」；「勢是統治人民的一種權力」。[20]高柏園稱：「勢，猶今言主權或統治權。」[21]姚蒸民亦稱：「勢，在《韓子》全書中，⋯⋯其涵義相當於近代所謂之主權或統治權（sovereignty or sovereign power）⋯⋯為國家實現統治目的而具有之最高權威。如就國家而言，相當於今世所稱之『主權』，如就君主而言，則相當於近代所謂之『統治權』。」[22]此外，還有視篇文語境，將勢作權力與「主權」的區分之說。如張素貞援引〈八經〉「勢者，勝眾之資也」，〈難三〉「明主之治國也，任其勢」，以及〈顯學〉「威勢之可以禁暴」等內容，稱：「韓非之言任勢，與西方所謂權力政治（power politics）義實相同」，將這些用例中之「勢」作「權力」理解；又援引〈備內〉「縛於勢而不得不事」，〈五蠹〉「民者，固服於勢」，〈外儲說右下〉「吾釋勢而與民相收」等內容，提出「韓非主張勢必操之於君，與近代『主權在君』說相侔」，蓋此類用例中，「勢」專指主權而言，具有排他性，是普通的「權力」所無。[23]

「政權」類觀點。如任繼愈主編，二〇一〇年出版之《中國哲學史》稱：「所謂『勢』，就是政權，『乘勢』，就是掌握政權。」[24]

權力的根源說。如程艾藍（Anne Cheng）將「勢」看作「權力的根源」、權力「所需遵循」的對象，卻因其關注點並不在此的緣故，未作進一步的解釋或討論。[25]

「情勢」類觀點；即理解為情境或趨向之義。如朱瑞祥稱：「所謂自然之勢，就是有天然所形成，受天然條件所限制的情勢，⋯⋯所

---

20 黃秀琴：《韓非學術思想》，頁106。
21 高柏園：《韓非哲學研究》，頁99。
22 姚蒸民：《韓非子通論》（臺北：東大圖書公司，1999年），頁131-132、138。
23 張素貞：《韓非子思想體系》（臺北：黎明文化事業公司，1974年），頁69-70。
24 任繼愈：《中國哲學史》第一冊（北京：人民出版社，2010年），頁256。
25 程艾藍：《中國思想史》，頁271-273。

謂人造之勢，就是本來沒有的，透過人力經營之後，才產生出來的某
種情勢」。[26]

　　「賞罰」說。例如王兆麟將「勢」釋作「賞罰」。其文稱：「按照
韓非的法治理論，治國……必須用勢。不過，這個『勢』，不是指君
主世襲的地位和權勢，即『自然之勢』，而是指『人之所得設之
勢』」；「在韓非著作中，這個『勢』一般都直言『賞罰』。」[27]

　　綜合類／多義項類觀點；即不認為「勢」在不同用例中存在單一
的涵義。這一類觀點又可細分如下：一為形勢／趨勢與作用力二義
說。如曹謙稱韓非子一派「將勢分為『自然的』、『人設的』二種，自
然的勢，即今人所說的『時勢』、『趨勢』，……至於『人設的勢』，不
外『威嚴之勢』和『聰明之勢』」；對曹而言，蓋人設之勢仍屬於一種
作用力。[28]張純、王曉波亦稱「法家所講的『勢』，有廣義和狹義之
分。廣義的『勢』指一切的形勢而言，狹義的『勢』則指權勢而
言」；前者「是一種客觀的存在與規律」，後者則成為「作為政治權力
的『勢』」；尤為可貴的是，張著援引〈八說〉「任人者，使有勢也」，
提出「這種人臣之『勢』，也就是替國君『斷事』的『勢』，亦即職
權」。[29]一為君位與一般意義上的權力二義說。如王邦雄視不同用例，
將勢解為「君位」、「統治權力」、「中性之權力」、「行法之強制力」等
不同義項；其文稱：「韓非言勢，其性質有二：其一勢本為一君位，
必執柄操權，運用賞罰之威利，才足以形成強制的統治權力，故曰：
『君執柄以處勢』。其二為中性之權力，便治而利亂，必與法結合，
始成可治而不可亂，故曰：『抱法處勢則治。』在執柄抱法之後，勢
所呈現之功能則為無不禁，足為禁眾之資，亦為行法之強制力。」[30]

26 朱瑞祥：《韓非政治思想之剖析》，頁23。
27 王兆麟：《韓非子研究新探》（北京：中國文聯出版社，2010年），頁96。
28 曹謙：《韓非法治論》（上海：中華書局，1948年），頁77-82。
29 張純、王曉波：《韓非思想的歷史研究》（北京：中華書局，1986年），頁116-118。
30 王邦雄：《韓非子的哲學》，頁166-177。

一為權位與權力二義說。如金春峰稱「韓非……所謂『勢』就是權力、權位」。[31]一為君位與主權二義說。如杜國庠將勢分為自然之勢與人為之勢，認為「自然之勢，偏重『君位』言，人為之勢，偏重『主權』言。」[32]一為君位與君主專屬的權力／權威二義說。如封思毅針對「勢」未作總體定義，僅舉例說明：「如人主之勢，有由君威而生者曰威勢；有由君位而成者曰勢位。前者有賴人主本身行法用法而生，故為人為之勢。後者則本世代傳襲而來，故為自然之勢。」[33]周勳初對君位與君權作綜合看待；其文稱「『勢』是權勢，即君主的地位和權力。」[34]一為多義說，即認為「勢」有兩種以上的涵義，須根據文中具體語境來具體分析。如韋利（Arthur Waley）認為勢有位置（position）、情勢（circumstance）、處境（situation）、潛能（potency）、力量（power）、強制力（force）以及神秘性（mysterious quality）等多重涵義。[35]蕭公權稱：「勢之一名，法家每用以概舉君主之位分權力」，「君主之為治，有賴於其法律上之權與實際上之力。而權力之操存又賴君主所處之地位。人民承認君主之地位而服從之，君主憑藉此地位以號令人民。凡此種種之關係，即韓非所說之勢。」將君主「法律上之權」、「所處之地位」以及人民對此的「承認」等，一併歸入其涵義的經界。[36]謝雲飛將《難勢》篇「自然之勢」中之

---

31 金春峰：《先秦思想史論》（北京：東方出版社，2015年），頁223。

32 杜國庠：《先秦諸子思想概要》（北京：生活・讀書・新知三聯書店，1949年），頁68-69。

33 封思毅：《韓非子思想散論》（臺北：臺灣商務印書館，1975年），頁54。此外，徐漢昌先生提及「古代以埶字作勢用，表示地位和因地位而有的權力，亦即現代政治學上所謂的『統治權』。」見徐漢昌：《韓非的法學與文學》（臺北：文史哲出版社，1984年），頁66。

34 《韓非子》校注組編寫，周勳初修訂：《韓非子校注》（南京：鳳凰出版社，2009年），頁468。

35 Arthur Waley, *Three Ways of Thought in Ancient China*, pp. 237-239.

36 蕭公權：《中國政治思想史》上冊，頁227。

「勢」作「位」理解；將〈功名〉篇「夫有材而無勢，雖賢不能制不肖……不肖之制賢也以勢」中的「勢」理解為「因居高位而生之統制力」；將〈顯學〉篇「吾以此知威勢之可以禁暴，而德厚之不足以止亂」之「勢」，釋作「剛性之威力」；將〈八經〉「君執柄以處勢，故令行禁止；……勢者，勝眾之資也」，〈備內〉「偏借其權勢，則上下易位矣。此言人臣之不可借權勢也」之「勢」，釋作「權柄」；將〈外儲說右上〉「故子夏曰『善持勢者，蚤絕奸之萌』」之「勢」，釋為「因緣際會之時機」。[37]安樂哲（Roger T. Ames）提出，「『勢』作為法家的特定術語，可以被解釋為『政治地位』（political purchase）」。針對"purchase"一詞，安氏強調他在地位（position，status）方面的意義，稱：「君主作為個人，規範他人的能力是有限的，然而他卻可以憑藉王位（throne）所帶來的權勢（advantageous position），運用他君主的政治地位（political status）去擴大對他人的影響」；「君主的政治地位（political status）及其作用，是增強其影響和維持其『勢』的重要手法」。針對《韓非子‧難勢》篇所討論的「勢」，安氏亦將其作「權威與地位」（authority and position）理解。《韓非子》其他篇目中，勢有「涉及軍事行動的（原文作 reference to military operations；安氏注：見〈愛臣〉、〈孤憤〉、〈內儲說上七術〉等）」，有表示「當下的情形或處境」（prevailing conditions or circumstances；安氏注：見《韓非子‧十過》：「輔依車，車亦依輔，虞、虢之勢正是也」）的，「最常見的，是作為特定的法家術語用來表示對特定事物有效用的地位支撐」（the purchase available to a thing in consequence of its status）。[38]李增亦稱：「《韓非子》之『勢』上，勢是人君之所以為人

---

37 謝雲飛：《韓非子析論》（臺北：東大圖書公司，1980年），頁96-98。吳秀英先生亦認為勢有勢位、威勢、統治權以及上述謝先生提及的各項意義。見吳秀英：《韓非子研議》，頁86。

38 Roger T. Ames, *The Art of Rulership: A study of Ancient Chinese Political Thought*, pp.72, 87.

君的主要條件，⋯⋯這些條件即是權勢、勢位、威勢、勢力、勢柄，甚至與時勢、地勢、兵勢有關。」[39]于蓮（François Jullien）亦依據「勢」字在《韓非子》不同用例，將其譯為「情勢」、「力量」、「權力」、「地位」、「位置」等。[40]鄭良樹更認為《韓非子》各篇中「勢」的涵義既已有異，則依據不同篇目的成篇先後，必有一個歷時性的變化。鄭援引《觀行》「雖有堯舜而無眾人之助，大功不立⋯⋯故勢有不可得」，〈功名〉「眾人助之以力，近者結之以成，遠者譽之以名尊者載之以勢」等內容，認為韓非早期完成的篇目中，「將『勢』解釋作群臣及百姓的盡忠輔翼」；認為勢「是群臣百姓所造就的」，韓非後一時期成就的篇目中，「韓非『勢』的內容是至強的權力和至上的君威」，且勢視其具體語境，亦被劃分成「先天的處勢」、「後天的造勢」與「積極的用勢」三個部分。[41]

今本《韓非子》中，勢字有如下幾種不同義項：

「位置」（position）或「地位」（status）。例如〈愛臣〉謂：「⋯⋯主威之重，主勢之隆也」，此處「勢」用來形容人主巍峨的地位。有用來描述臣民的地位的情況；如〈外儲說右上〉謂：「薛公以人臣之勢，假人主之術也」；勢在這句話中，形容薛公居於人臣的地位。也有用勢來描述「有道之士」的地位；如〈解老〉謂：「雖勢尊衣美，不以誇賤欺貧。」還有以之描述在當時的社會層級中，並不佔據優勢的人士的情況；如〈八姦〉謂：「示之以利勢，懼之以患害」；這句話中「之」指向這一章前文提到的，善於遊說的賓客；勢與「利」連用，詞義與「患」、「害」對立，仍是指地位（status）：即用

39 李增：《先秦法家哲學思想：先秦法家法理、政治、哲學》（臺北：編譯館，2001年），頁11。「編譯館」係指在臺法人機構全稱「國立編譯館」者，本書統一以簡稱「編譯館」方式代表。

40 于蓮：《勢：中國的效力觀》（北京：北京大學出版社，2009年），卓立譯，頁23-34。

41 鄭良樹：《韓非之著述及思想》，頁392-393，397，492-499。

利益輸送與提升他們地位的許諾，來換取遊說者按照自己的意圖，去遊說統治者。〈孤憤〉提到「法術之士」往往「處勢卑賤」，此處「勢」仍舊是地位的意義。

「力／力量」（power）。讀者可於各種不同的具體語境中發現此一義項，請列舉四例言之：其一，描述各類統治者的權力。如〈外儲說右下〉謂：「禹……傳天下於益，而勢重盡在啓也」；其中「勢」與「重」連在一起使用，皆意為統治的權力，而非君主地位。因為是禹將君位傳給了益，啓雖有實際的統治權力，卻沒有獲得君位。[42]其二，描述並非統治者的人所具有的力量，如〈八說〉提到「任人者，使有勢也。」此處「勢」意為「實際權力」。其三，描述人類社會中各類聯合體（如家、國等）的力量，如〈內儲說上七術〉提到「張儀欲以秦、韓與魏之勢伐齊、荊」，其中「勢」指諸侯國的戰力。其四，描述自然事物所具有的力量。如著名的〈難勢〉提到，「飛龍乘雲，騰蛇遊霧，吾不以龍蛇為不托於雲霧之勢也」；「勢」在這裡是指雲霧所具有的，能夠托起龍蛇的那種近似於浮力的神秘力量。

「境遇／情境」（situation）。如〈說林下〉謂：「置猿於柙中，則與豚同，故勢不便，非所以逞能也」。牢籠內的猴子，因為情境上的不利而無法施展自己的能力。[43]

「趨向」（tendency）。如〈十過〉謂：「國小無禮，不用諫臣，則絕世之勢也。」在古漢語模糊的陳述語境裡，「情境」與「趨向」通

---

42 「勢」與「重」連用，表示權力／作用力的例子，還有〈外儲說右上〉：「今人君之左右，出則為勢重而收利於民」；等等。此外，〈人主〉云：「威勢者，人主之筋力也。今大臣得威，左右擅勢，是人主失力」。這句話先是將「勢」與「威」並列使用，這兩個字在這裡都是「力」的意思；其後「左右擅勢」中「勢」被單獨使用，其意義仍然是「力」。「勢」與「威」連用表示力量的，還有〈顯學〉「夫嚴家無悍虜，而慈母有敗子。吾以此知威勢之可以禁暴，而德厚之不足以止亂也」等；「勢」單獨使用表示作用力的例子，還有〈八經〉：「人主不饜忿而待合參，其勢資下也」；等等。

43 又如，〈說疑〉謂：「言聽事行，則如師徒之勢」，等等。

常難作截然的分割：「趨向」作為一種預測，都是基於對「情境」的分析——而不論這種「情境」是現實的，還是虛擬的。在這個例子裡面，國家的滅亡這種對未來的推測，正是將一種虛擬的情境（也就是自身體量小，資源匱乏，敢於提出批評意見的大臣同樣缺乏，同時又不按國際規矩來行動），作為判斷的基礎。

《韓非子》中還有一類常見的情況，是「勢」並非止在表達某種單一的義項，而是上述兩種，或兩種以上意義的綜合。如〈難勢〉謂：「釋賢而專任勢，足以為治乎？」其中「勢」既有「地位」的意義，又有因地位而獲得的「權力」的意義。因為此處所謂「勢」，是同時指代其篇前文提到的「權」與「位」二者。其前文云：「賢人而詘於不肖者，則權輕位卑也；不肖而能服於賢者，則權重位尊也。堯為匹夫，不能治三人；而桀為天子，能亂天下。吾以此知勢位之足恃而賢智之不足慕也。」對於陳述者來說，一個人能夠獲得旁人的服從，不僅是單純擁有「位」所能做到的，而是這個「位」以及基於它而獲得的「權」共同起作用的結果。面對「賢」與「權」、「位」兩相對立的結構，就出現了前引「釋賢而專任勢」的問題。又如〈功名〉云：「千鈞得船則浮，錙銖失船則沈，非千鈞輕錙銖重也，有勢之與無勢也。故短之臨高也以位，不肖之制賢也以勢。」第一句話中「勢」有位置、境遇之義。第二句話中「勢」不僅有位置之義，有因位置而具備的力量之義，還有情境的意義。因為它與第一句存在比附關係，前面出現的「勢」字對它的解釋有所補充。作者是想說，不肖之人因處於統治者的「位置」而擁有管轄「權力」，以及賢者恰好是處於此一管轄權力範圍的「情境」這些因素，共同造成這樣一種「不肖之制賢」的狀態。[44]

---

44 此種「勢」同時具有多種義項的例子，還有如〈備內〉「人臣之於君，非有骨肉之親也，縛於勢而不得不事也」；〈八經〉「民以制畏上，而上以勢卑下，故下肆狠觸而榮於輕君之俗，則主威分」；等等。在〈備內〉的引文中，「勢」兼有「地位」、「權力」、「情境」三種意義；〈八經〉引文中，「勢」亦兼有此三種意義。

　　可見《韓非子》中「勢」是一個多義詞彙，探究作為政治術語的「勢」，亦應對上述義項有所考慮。將它釋作任何一種單一的義項都會失之偏狹，將韓非勢思想的研究引入歧途。譬如前述「君權說」或「主權說」，不僅與《韓非子》諸多文本不符，有如上述，且會招致如前引「任人者，使有勢也」等有關臣民應有之支配力的觀點，此類支配力與君主權力的關係，及其觀點在《韓非子》勢論結構中所充當的角色等頗為重要的問題，陷於一種更易為人忽視的邊緣位置。

第二節　「勢」在政治上的運用

　　通過對上述不同義項的使用，其學派建立起一套在政治活動中如何對待「勢」的學說。《韓非子》往往以「用勢」、「因勢」、「恃勢」或「任勢」描述之（見〈奸劫弒臣〉、〈外儲說左下〉、〈外儲說右上〉等篇）。我們將其稱為「勢」在政治上的運用──亦即學界常稱為「勢治」者。毋庸諱言，這是一個缺乏明確邊界的領域。按照今天的推理，似乎不同的主體，針對作為「勢」的各種具體的位置、地位、支配力、情境、趨向的全部運用，無論機智或笨拙、成功或失敗，都應該屬於這個領域。這或許是原則上「勢」在政治領域的運用範圍。按照這個觀點，韓非學說中幾乎所有的政治觀點和建議，都可以因為涉及到權力、地位、情境等而被包含進來。好在這個本應複雜繁瑣的範圍內，《韓非子》書中被明確劃為「勢」之領域的建議，內容雖然描述得簡略，邊界也很模糊，但畢竟僅涉及到可數的若干種狀況。本節這一部分，就試圖將這些建議初步分成如許四方面：

　　首先，當「勢」用作「位置／地位」意義的時候，其冊立授予，要嚴格遵循相關的原則。例如，〈八經〉云：「分勢不貳，庶適（嫡）不爭」，其中，「分」在這裡是指庶嫡在身份上的差別，以及在此基礎上形成的宗法正當權益與法定責任的差別；「勢」指被繼承或授予的

地位。韓非生活的年代，中國在婚姻方面，流行著一夫一妻多妾的習俗。「嫡」即正妻生出的後代，「庶」則是非正式的妻子繁衍的後代。其文建議在宗法地位的繼承與授予上，應嚴格「庶」與「嫡」的區別對待，以求杜絕庶子覬覦領主地位的繼承權而引發的爭鬥。與此相異，官僚職位的授予方面，則應嚴格依照其所謂「法」、「術」學說中的因業績或功勳升職的原則。〈顯學〉云：「……明主之吏，宰相必起於州部，猛將必發於卒伍。」[45]文中將相的職位，皆是依據業績從基層官僚或普通士兵中選拔出來的。此舉不僅可使真正有能力的人——不論他是否具有貴族身份——被吸納到（包括軍隊在內的）官僚系統內部，且可能削弱世襲貴族的政治力量，加強君主的力量。我們可以設想，若政府職位的授予遵循世襲繼承的原則（戰國時代及其之前，中國確實存在這樣的傳統），即意味著管理組織中的成員是依據傳統與慣例獲得了自己的地位。他們如果想要維持這種地位，就同樣需要堅持並強調這種獨立於君主（或者僭主、權臣、君主的代理人等一切有權修改規則的人）意願之外的傳統與慣例（亦即 customary law），必要的時候，甚至不得不選擇和這些掌權者對抗。[46]然而，《韓非子》前引那些提議依據的現實情況，與這種世襲的情況已經大有不同：其派雖然沒有明確宣稱政府機構人員的任用與罷免的權力，以及制定規則、規範各種爵位繼承的權力，應當由統治者掌控，但是上述建議只

---

45 臣民的「勢位」可略分為職官與封爵兩大部分。韓非看來，封爵除繼承外，應依照法、術原則之下的論功行賞，職官則應如引文所謂業績考核。這正是勢學說與法術學說的一項交疊之處。另外，〈定法〉篇表達過反對用技術官僚的職位來獎勵立軍功的態度：「今有法曰：斬首者令為醫、匠，則屋不成而病不已。」本書第一章，第一節亦有提及。

46 典型的例子，可參見《左傳·襄公二十五年》：「大史書曰：『崔杼弒其君。』崔子殺之。其弟嗣，書；而死者二人。其弟又書，乃舍之。南史氏聞太史盡死，執簡以往。聞既書矣，乃還。」文中陳述了世襲的負責記錄歷史的官員為堅持按傳統規則，如實記錄歷史，無視強權者的暴力威脅，為此不惜付出生命的代價。

有在統治者具備這些權力的前提下，才是有現實價值的。[47]事實上，韓非學說形成於一個社會規則急劇變化的時代。幾個世紀的時間裡（約西元前770-221年），傳統的規則與慣例體系逐漸失去了實際的效力，諸侯國的君主們逐漸在如何任用與罷免政府官員、如何冊封貴族的領域擴張著自己的權力。到戰國晚期，先前那種貴族通過家族世襲的方式世代掌控著各種政府職位的現象，已經變得並不普遍了。一種古代的官僚制度，已經在中原地區具備了初步的形式與規模。這種制度使君主同各個級別的政府官員之間，與十九世紀的雇主與雇員之間的那種關係有些近似：君主開始變得有權任用和免除政府官員，也有權規定和修改後者的職責，以及制定考核他們業績的方法。在爵位的授予方面，君主們亦漸次獲得了空前強大的權力，來制定新的遊戲規則。某種意義上，韓非的上述立場就是對這種君主們剛剛具有的這些權力的確認，對幾個世紀以來君主們的權力得到持續強化的潮流的某種推波助瀾。當然，韓非學派只是從效用的角度，認為這樣做有利於避免某些紛爭，推動國家的富強，卻並沒有詳細地從法律上、倫理上關注這種做法的正當性。

其次，對所有人而言，作為「支配力」意義的「勢」，皆要與作為「位置／地位」的「勢」正相匹配，不多也不少。[48]〈八經〉建議：「勢足以行法，奉足以給事」；也就是任用官僚，應當使他的實際

---

47 一些現代學者的研究，也印證了這種變化在歷史上的存在。例如西嶋定生《中國古代帝國的形成與結構》（北京：中華書局，2004年），武家璧譯，頁481-549；等等。

48 安樂哲先生提出，「認為普通身份的人並不具備『勢』，而地位高貴之人、道法之士、儲君、宮廷內受到幸信之人、王后／夫人與妃嬪、大臣以及侍奉君主左右之人等，皆應具備符合其身份地位的『勢』」（the social status of commoner is without shih, whereas exalted persons, men of principle, the crown prince, court favorites, the consort and concubines, as well as ministers and anyone else in the service of the ruler all have shih as a condition of their status. And "The degree of shih is of course graduated"）。See Roger T. Ames, *The Art of Rulership : A Study of Ancient Chinese Political Thought*, pp. 87-88.

權力剛好能夠成功完成自己的法定職責；使他獲得的薪金剛好能夠支持他專心於自身事業。這一方面意味著任何官僚實際上的支配力如若超越了自身的法定地位，皆會危及應有秩序。例如〈外儲說左下〉「經二」條目有「恃勢」主張，後文「說二」以齊桓公與東郭牙故事說明之：

> 齊桓公將立管仲，令群臣曰：「寡人才將立管仲為仲父。……東郭牙……曰：「以管仲之智，為能謀天下乎？」公曰：「能。」「以斷，為敢行大事乎？」公曰：「敢。」牙曰：「若知能謀天下，斷敢行大事，君因專屬之國柄焉。以管仲之能，乘公之勢以治齊國，得無危乎？」公曰：「善。」乃令隰朋治內、管仲治外以相參。

故事提及齊桓公將賦予管仲「專屬之國柄」，支配力超越了管仲所處的臣位，而為東郭牙所反對。其篇作者自然也就站在了東郭牙這一邊。另一方面，統治機器中任何分子的實際支配力若未能達到與自身位置／地位相匹配的限度，同樣危及應有的秩序。也就是說，統治機器各個部分所應有的實際支配力，都應受到維護。〈亡徵〉云：「官吏弱而人民桀，……可亡也」；職官的實際支配力若不及自身勢位的要求，則無法有效支配民眾，無力完成應有的職責。面對統治機器各個組成部分的實際支配力，韓非試圖既要約束，又要保證。既要防止某些官僚或臣民因支配力過大，而威脅到他的上級，甚至整個統治秩序，又要避免官僚機構（出於受到約束等的原因）執行力弱化，從而最終妨害人主的支配民眾的能力。[49]當然，接受這一建議，則意味著

---

49 〈亡徵〉還提到：「后妻賤而婢妾貴，太子卑而庶子尊，相室輕而典謁重，如此則內外乖；內外乖者，可亡也」；其文意在提醒君主，無論妻妾、嫡庶，相室還是掌管君主接見賓客的小官，他們實際支配力的大小，都必須與自己的身份、地位的等

君主不僅有權力任免官僚，規定官僚的職責，考核官僚的業績，且更有針對任何官僚的實際支配力與影響力進行規定、修改、監督與評判的權力。

　　再次，君主對他管轄範圍內一切不符上述兩項原則的現象，都要進行禁止。〈外儲說右上〉用齊景公與田成在施惠於民方面的競爭故事作為例子，來說明這一點：

> 景公與晏子遊於少海，登柏寢之台而還望其國曰：「美哉！泱泱乎，堂堂乎！後世將孰有此？」晏子對曰：「其田成氏乎！」景公曰：「寡人有此國也，而曰田成氏有之，何也？」晏子對曰：「夫田氏甚得齊民，其於民也，上之請爵祿行諸大臣，下之私大斗斛區釜以出貸，小斗斛區釜以收之。殺一牛，取一豆肉，餘以食士。終歲，布帛取二制焉，餘以衣士。……君重斂，而田成氏厚施。齊嘗大饑，道旁餓死者不可勝數也，父子相牽而趨田成氏者，不聞不生。……今田成氏之德而民之歌舞，民德歸之矣。故曰：『其田成氏乎』。」公泫然出涕曰：「不亦悲乎！寡人有國而田成氏有之，今為之奈何？」晏子對曰：「君何患焉？若君欲奪之，則近賢而遠不肖，治其煩亂，緩其刑罰，振貧窮而恤孤寡，行恩惠而給不足，民將歸君，則雖有十田成氏，其如君何？」
>
> 或曰：景公不知用勢，而……晏子不知除患。夫獵者托車輿之安，用六馬之足，使王良佐轡，則身不勞而易及輕獸矣。今釋車輿之利，捐六馬之足與王良之御，而下走逐獸，則……無時及獸矣。……國者，君之車也；勢者，君之馬也。夫不處勢以

級，官僚的層級正相匹配。否則可能導致自己國家的衰亡。根據這句話，我們還可以發現上述這個原則，不僅在官僚機構中應予貫徹，在統治者的親屬關係領域內，也同樣有效。

> 禁、誅擅愛之臣，而必德厚以與天下齊行以爭民，是皆不乘君
> 之車，為因馬之利，釋車而下走者也。故曰：景公不知用勢之
> 主也……

引文說田成氏因向民眾廣施恩惠而獲得了廣泛支持，似乎具有了超越
其臣子地位的社會影響力，對景公的君主地位構成威脅。[50]引文提
出，君主面對這種情況應當直接禁止任何臣民通過向公眾輸送利益的
方式獲取公眾的支援，而不需要君主自己也通過此一方式，與臣民進
行支持率方面的競爭；也就是引文所說的「處勢以禁、誅擅愛之
臣」。根據這句話，矯正不符合前述原則的方法，仍是（法、術思想提
及之）公佈禁令，或開設先例。這個例子試圖告訴讀者，君主應立基
於自身地位和權力上優勢的情境，直接依靠強制力去禁止臣民做出任
何違背上述原則的行為，而不需要解釋或尋求這樣做的正當性。

　　與此同時，禁令還需要懲罰來保證它們的有效性。前引「處勢以
禁、誅」句中，漢字「誅」兼有「指責、訓斥」，「懲罰」與「處死」
三種意義。這句話可理解為面對違反禁令的臣民，應當根據他們行為
對秩序危害程度的不同，或者進行訓斥，或者判處不同程度的刑罰，
甚或判處死刑。針對判處死刑這一點，這一章在提出前面的具體例子
之前，就已經提到「勢不足以化，則除之」這樣的概括性建議。這個
建議蘊含了兩層意思：一是面對不符上述原則，且（用獎懲、譽毀
等）矯正無效的情況，其涉事者當被消滅。一是事實上不服從君主，
無視他的權勢（也就是作為「權力」的「勢」）之人——例如各類事
實上不服從命令的個人（「不令之民」）、權臣及其集團等——在韓非
看來，他們也都應當被斷然清除。到這裡，韓非學說所提倡的絕對權
力終於放棄自我粉飾，顯現出它的猙獰面目：它試圖通過製造恐怖的

---

50 影響力亦是支配力（power）的一種形式。

氛圍，來迫使臣民服從它。孟德斯鳩提到，暴君制的國家需要恐懼（despotic states need fear）。這個觀點恰好可以用來評價韓非的上述建議。[51]

最後，有了上述強制力以及臣民對強制力的恐懼作後盾，君主即可責成臣民完成各種事務，而不需再親自料理具體政治事務。〈奸劫弒臣〉文云：

> 人主者，非目若離婁乃為明也，非耳若師曠乃為聰也。不任其數，而待目以為明，所見都少矣，非不弊之術也。不因其勢，而待耳以為聰，所聞者寡矣，非不欺之道也。明主者，使天下不得不為己視，天下不得不為己聽。故身在深宮之中而明照四海之內，而天下弗能蔽弗能欺者，何也？暗亂之道廢而聰明之勢興也。故善任勢者國安，不知因其勢者國危。

引文言君主一人能力有限，親自去搜集信息，效果一定不如運用權力（以及由權力造成的恐懼氣氛），迫使一切人為自己搜集信息有效——當然，這是強迫人們相互告密的一種委婉的說法。事實上，搜集信息只是一個例子。引文從這個具有啟發性質的例子，擴大到這一可以廣泛適用的建議——「善任勢者國安」。也就是認為君主不需親自去做事，只需使用強制力，迫使臣民為他做事，來完成各項具體工作。當然，在這個奴役臣民的過程中，君主不僅是在使用作為地位、權力的「勢」，且是在利用相對於臣民具有力量優勢的情境，有意製

---

51 Charles De Secondat Montesquieu, Anne M. Cohler, Basia C. Miller & Harold S. Stone (eds). *The Spirit of the Laws*, p. 28. 此外，《韓非子》把「勢」與恐懼聯繫起來的，如〈五蠹〉：「……威勢以相懼」等；提到在統治中製造恐懼的內容，如〈主道〉：「明君無為於上，君臣竦懼乎下」；〈內儲說上七術〉：「吏皆聳懼，以為君神明也」；「師吏甚怪太宰知之疾也，乃悚懼其所也」；「吏以昭侯為明察，皆悚懼其所而不敢為非」；等等。

造恐懼，試圖使臣民因恐懼而服從他。[52]

上述「勢」學說還有特點如下：

一是刻意製造君權獨大的局面。此前的研究多側重討論「勢」學說中君主地位與支配力的部分。然上述內容卻使我們發現韓非學派為了加強君主權力，並非將討論的邊界設置在「君主的地位或權力」（君勢）之內，而是以其涵蓋著臣民地位、支配力等等廣闊的場域上。其派試圖通過如許針對臣民的設置，迂迴地鞏固君主的地位，強化君主的權力。君主在地位與權力上占據明顯優勢的情境之「勢」，因而也就被設置成形。就其宗法親戚方面而言，上述立場徹底扭曲了周代傳統的宗法秩序。如果現存經學資料尚有可信的話，那麼周代傳統禮制（如李若暉先生所言）傾向於「雖有『尊尊』之等級，實無『尊卑』之貴賤」的「雙向倫理」，[53]而此種倫理在現實社會的維繫，實則無法離開實際支配力層面的支撐。韓非子學派以上述「勢」學說強化君臣、父子、兄弟、夫婦等宗法主體之間「實際支配力」的階梯差別，則反映出其派從基礎上瓦解周代傳統倫理，代之以嚴格劃分尊卑貴賤、高低層級的新倫理之企圖。且在其新倫理中，任何一級所應享有的支配力，皆有所限制，唯有「君主」處於至高無上的位置，掌控最具優勢的、實際上無從限制的支配力，彰顯出與其他層次的判然差別。就戰國時代新生的職官機構來說，上述勢治內容不僅意味著作為規則制定者的君主，既是「分」與「勢」的塑造者，又是實際支配力與其權責是否匹配的最終判斷者、矯正者與懲處者，更意味著整個職官系統的權力，率皆源於君權這個最初的絕對（absolute）權力。

---

52 不僅如此，根據上述第二點原則，君主有權評判任何官僚的實際支配力是否與他的法定職責相匹配。而很多情況下，實際支配力、影響力是難以精確量化的。這就為君主依據反覆無常的意願來任免官僚，大開方便之門。

53 此方面的研究，可參見李若暉：〈以「尊卑」代「尊尊」〉、〈放逐君主：周禮權力結構解析〉，載《久曠大儀：漢代儒學政制研究》，頁5-35、174-195。本書第一章，第二節亦涉及周代倫理問題。

官僚系統實則不存在低於君主卻獨立於君主的，固定的層級地位，而只是實現君主支配權力的機器、貫徹君主意圖的工具。在民萌面前強橫剛戾的職官機構，在君主那裡，卻如同一團稀鬆柔軟的橡皮泥，時時被揉捏於股掌之間。

　　一是非神秘性。前文所及史華茲「神秘威權」的觀點，似缺乏充分的證據。神秘威權的思想理路在歐亞各地前現代思想家的述說中頗為常見，並被彼時社會不同程度地接受。這背後具有宗教信仰等的各類複雜因素。然而《韓非子》作者呈獻給我們的，卻是一個去神秘化的世界：其派看來，歷代偉大聖王之能夠統治天下，是經由率領社會戰勝各種挑戰、為人民謀得福祉的途徑，而非天命、神意之類的力量。[54]在其學派看來，其所處時代亦是如此：社會需要的乃是對抗混亂的秩序本身；能夠帶來秩序的絕對權力，就是保護社會免於恃強凌弱，相互掠奪的利劍。統治權力不可或缺，與其說是依據神秘性的存在，不如說是因為人們實在無法離開它。[55]

---

54 〈五蠹〉謂「上古之世，人民少而禽獸眾，人民不勝禽獸蟲蛇。有聖人作，構木為巢以避群害，而民悅之，使王天下，號曰有巢氏。民食果蓏蚌蛤，腥臊惡臭而傷害腹胃，民多疾病。有聖人作，鑽燧取火以化腥臊，而民說之，使王天下，號之曰燧人氏。中古之世，天下大水，而鯀、禹決瀆。近古之世，桀、紂暴亂，而湯、武征伐。」

55 〈姦劫弒臣〉謂「故其治國也，正明法，陳嚴刑，將以救群生之亂，去天下之禍，使強不陵弱，眾不暴寡，耆老得遂，幼孤得長，邊境不侵，群臣相親，父子相保，而無死亡繫虜之患，此亦功之至厚者也。」此類論調當然存在問題。托克維爾（Alexis de Tocqueville）說：「如果一個民族只要求他們的政府維持秩序，則他們在內心深處已經是奴隸……」Cf. Alexis De Tocquevlle, Eduardo Nolla (Ed), James T. Schleifer (Trans), *Democracy in America: historical-critical edition of De la de´mocratie en Amérique,* Liberty Fund, Indianapolis, 2010, p. 952.中譯可參見托克維爾《論美國的民主》下冊（北京：商務印書館，1988年），董果良譯，頁673。

第三節　「勢」的探究價值

　　我們說勢治思想有理由獲得關注，是因為它作為韓非子學說一個頗為重要觀察角度，即使在最為保守的考量之下，亦能為諸多方面的研究提供助益。請例言之。

　　為考察韓非子現實主張的內部結構，提供一項必要基礎。將勢治思想從拘泥於君權或「主權」的狹窄層面解放出來，發現其說所涉職官機構與宗法組織的內容，我們才好在細節上分析其學說與所謂「法治」、「君術」等現實主張間的關係。鄙意「勢」思想為「法」、「術」思想提供了某些方向或原則，「法」、「術」思想則為這些原則性內容提供了某些具體的實現途徑。上述勢論的局限在於它們本身往往是一種應然狀態的期許；如何在實際行動中達成這些期許性的狀態，則需運用法術思想。具體如依靠公開的法令，臣民被禁止獲得超越其法定身份的名位；以禁止某些特定行為的方式，使吏民無法獲得超越其身份、地位的支配力；依靠「循名責實」的具體「君術」來網羅信息，探究何人實際支配力超越了界限，或無力勝任其職責（如〈內儲說上七術〉所言「眾端」、「參觀」、「一聽」），等等。法術能夠將勢的原則貫徹於實踐的背後，是刑名法術之學「刑名參同」的原則，與勢思想中「名」與「實」相為匹配的要求頗為相近。[56]故〈難勢〉謂「抱法處勢」；〈外儲說右下〉亦謂「國者，君之車也；勢者，君之馬也。無術以御之，身雖勞，猶不免亂；有術以御之，身處佚樂之地，又致帝王之功也。」在這個意義上，前賢所謂「勢」與「法術」能夠互補的

---

56 也就是勢治與法術學說統一於「刑名」原則。其中法術與勢治學說二者，界限並不明確。張純等即認為「任勢」為術之一種。參見張純、王曉波：《韓非思想的歷史研究》，頁129。鄙意勢治思想中的「名」側重名分、職責或許可權而言；「實」側重實際支配力、實際地位的授予或設置等。蓋勢治一說的名實參同異於法術學說者，蓋獨有實際支配力的考察角度歟？

觀點，蓋有其依據。

　　為探究韓非子「勢」思想的淵源，提供一項必要前提。韓非子「勢」思想的淵源探究，不僅需要著眼於這一思想形成之前的各類學說，更要對「勢」思想的內容與外延進行必要的辨別。從後一方面來說，上述分析即屬在其「勢」思想的內容方面，謹作些拋磚的嘗試。從前一方面[57]來說，現存先秦文獻中，有如《孫子》、《慎子》、《申子》、《荀子》、《管子》等，皆對勢（埶）有論及。其中不乏與韓非子學說相近者，如《慎子・威德》謂：「騰蛇遊霧，飛龍乘雲，雲罷霧霽，與蚯蚓同，則失其所乘也。故賢而屈於不肖者，權輕也；不肖而服於賢者，位尊也。堯為匹夫，不能使其鄰家；至南面而王，則令行禁止。由此觀之，賢不足以服不肖，而勢位足以屈賢矣。故無名而斷者，權重也；弩弱而矰高者，乘於風也。身不肖而令行者，得助於眾也。」引文作者已然將地位的所謂尊卑，與其實際支配力關聯起來予以討論。《慎子・知忠》又謂：「明主之使其臣也，忠不得過職，而職不得過官；是以過修於身，而下不敢以善驕矜；守職之吏，人務其治，而莫敢淫偷其事⋯⋯」其文言職官的實際權責當與其應有職責明確匹配，亦與韓非子前述主張趨同。再如現存《申子》文中所謂「智均不相使，力均不相勝」之說，亦觸及支配力的權衡問題。[58]我們當下所見的韓非子勢治學說，終究是不同學派相互影響的結果，抑或逕自承襲前人？——回應此問題，需留待今後進一步明確韓非子勢治學說的內容與外延，以及先秦文獻形成的時間次序。

---

57 考慮到當下先秦文獻完成時間次序難以判然確定的情況，這一方面深入細緻的研究，恐需繼續等待新證據的發現。後文例證，只好暫列若干被認為與其時代接近的文獻。

58 參見《太平御覽》卷432，Herrlee G. Creel, "The *Shen Pu-hai* Fragments", 10, *Shen Pu-Hai: A Chinese Political Philosopher of the Fourth Century B. C*, University of Chicago Press, Chicago and London, 1974, p. 360. 此外《商君書・定分》亦有論及分勢關係的部分，如「名分定，勢治之道也；定分不定，勢亂之道也」，等等。

　　為精確探究後世學者如何承襲韓非子的思想，提供一項必要條件。只有對韓非子學說的內容予以必要的界定，才好進一步探究其學說對後世的影響。具體到韓非子「勢」學說的後世影響上，亦當如此。譬如我們可不滿足於以師承或「尊君」等籠統的觀點，來說明如賈誼等漢儒暗中接受了韓非思想的影響，而是明確到他們對韓非子「勢」學說的承襲上。賈氏面對諸侯問題，提出「大抵強者先反，……功少而最完，執疏而最忠」的客觀「形埶」，主張「欲天下之治安，莫若眾建諸侯而少其力」，以求達到「令海內之埶，如身之使臂，臂之使指，莫不制從」的效果，令「人主之尊譬如堂，群臣如陛，庶眾如地」（引自《漢書・賈誼傳》）。其說一面於實際支配力而非宗法倫理層面解釋諸侯國與長安朝廷的緊張關係，一面試圖建立一個天子與諸侯的勢位等級與其實際支配力相匹配的應然階梯——這皆與韓非子勢治學說保持著高度近似。由此，班氏《漢書・司馬遷傳》將司馬遷評價賈誼等「明申商」（《史記・太史公自序》）潤色為「明申韓」，至少在「勢」思想這個角度上是可說的。

＊　　　＊　　　＊

　　綜上，今本《韓非子》中，「勢」不僅有名位與作用力之義，還有情形與趨向之義。勢意指名位或支配力時，不僅涉及到統治者，還涉及到宗室與臣民。「勢」思想要求勢位與勢力二者不偏不倚的予以匹配，試圖一方面通過勢位和勢力的層級差異，約束著宗室、職官的支配力；一方面則試圖通過君主對勢位和勢力的授予，維繫統治機器的執行力，以及君主對此一機器的絕對支配權。在其學派看來，憑藉此機器，君主不必躬親，其意圖即可有效地貫徹；依照此秩序，君主在實際支配力層面，較難動輒遭受臣民威脅。

　　這一秩序的設置，須依賴事實上的絕對權力；而任何「秩序」的

維持，皆會對絕對權力形成某種約束[59]。已然不須遵循或服從任何規章秩序，即使是有利於自身的規章秩序的絕對權力，卻為何偏要屈服於《韓非子》這廂說辭？在這個角度上，此類「勢」學說所主張的秩序一如任何規章性的存在，僅能期待於一時有幸成為統治者所恩准的原則或方向，甚或成為需要加強人主權力之時，所借助的口號與工具。這表面上是韓非子學說結構上的內在矛盾，實為任何形式的絕對主義[60]在面對任何形式的規則或秩序時，皆無從避免的深層問題。

---

[59] 譬如，遵循而不違背「庶子不立」等秩序。

[60] "In politics, the atmosphere surrounding a dictator whose power has no restrictions, checks, or balances; the belief in such a dictator."Bryan A. Garner Editor in Chief, *Black's Law Dictionary*, Edition 8, Thomson West, 2004, p. 24.

第三章　術

　　到目前為止，學界更多地在統治方法、統治策略的意義上理解《韓非子》的「術」概念。陳啟天、張純、王曉波、詹康等諸位先生則提出，韓非「術」概念的邊界並不局限在君主的統治方法內部。筆者於前賢基礎上，嘗試給出一種討論。

第一節　「術」的涵義

　　「術」，《說文解字・行部》稱「術，邑中道也。從行，術聲。」術的本義蓋都邑中的道路，後引申為道、路徑、途徑、理由、技藝、方法等。[1]具體到《韓非子》的「術」，前賢已有大量的研究；其觀點可略分為如下三類：

　　「統治方法」類觀點。此類觀點將術解為各類統治者統御其下屬的方式、途徑或技藝。如韋利（Arthur Waley）認為術是「統治者遵循的秘密方法與預防措施」。[2]郭沫若援引〈難三〉「術者藏之於胸中，以偶眾端而潛御群臣者也」以及〈定法〉對申不害之「術」的描述，主張「術就是手段，是人君駕馭臣民的權變，也就是所謂『君人南面之術』」。[3]嵇文甫稱，韓非的「術是人君駕馭群臣的手段」；[4]梁啟

1　可參見桂馥：《說文解字義證・術》，朱駿聲《說文通訓定聲・術》等，收入《說文解字詁林正補合編》第三冊（臺北：鼎文書局，1997年），頁230。

2　Arthur Waley, *Three Ways of Thought in Ancient China*, p. 233. 呂振羽亦有類似觀點，見呂振羽：《中國政治思想史》，頁198。

3　郭沫若：《十批判書》，頁299。

雄認為是「君主暗藏在心中的權術」、「馭臣制民的手法」。[5]趙海金認
為是「國君駕馭群臣之技術」。[6]任繼愈認為是「國君根據『法』控制
官僚的手段」。[7]王邦雄認為是「統治的方法」、「人主任用群臣，與督
責百吏的施政原則」。[8]姚蒸民認為是君主「一切用人行政之方法」。[9]
徐漢昌認為是「一種領導統御觀念」。[10]張素貞亦強調術「實君主所獨
擅」的屬性。[11]周勳初認為是「控制臣下的策略措施和權謀手段」。[12]
朱瑞祥將「任術」總結為「循名責實、群臣之分類、用人授職、信賞
必罰、君臣之矛盾、防下生變、如何臨民、如何處外」等八大主題，
但綜合而言，仍不逃君術範圍。[13]高柏園將「韓非之論術」分為廣義
與狹義，廣義的術「包含了狹義的術與法」，狹義的術「乃是與法相
對的原則」，「是用法的主觀休養」；而不論法或術，皆是「充分伸張
君勢的方法」，故仍屬統治方法的範圍內部。[14]金春峰稱術是統治者的
「權謀術數」。[15]封思毅將術理解為「君臣相處之道」中「講求督導方
法，主觀化」的那一部分，實則仍是人主統治的方法。[16]陶希聖、韋
政通、吳秀英、黎紅雷、李甦平、孫開太、張靜雯等學者亦持此類觀

4　嵇文甫：《春秋戰國思想史話》，頁98。
5　梁啟雄：《韓子淺解》，嚴靈峰編：《無求備齋韓非子集成》影印1960年排印本，前
　　言頁11。
6　趙海金：《韓非子研究》，頁86。
7　任繼愈：《中國哲學史》第一冊（北京：人民出版社，2010年），頁256。
8　王邦雄：《韓非子的哲學》，頁214。
9　姚蒸民：《法家哲學》，頁119；姚蒸民：《韓非子通論》，頁199。
10　徐漢昌：《韓非的法學與文學》，頁134。
11　張素貞：《韓非子思想體系》，頁103。
12　周勳初：《〈韓非子〉札記》，頁272。
13　朱瑞祥：《韓非政治思想之剖析》，頁31-96；其中「君臣之矛盾」部分，落腳點仍是
　　「提醒人君」（詳見頁70）。
14　高柏園：《韓非哲學研究》，頁136-137。
15　金春峰：《先秦思想史論》，頁227。
16　封思毅：《韓非子思想散論》，頁44-54。

點。[17]

　　權力類觀點；亦即認為術是某種權力，或權力的來源，而非統治方法。如王世琚根據〈定法〉篇「術者，因任而授官，循名而責實，操殺生之柄，課群臣之能者也」，提出「人君的主權」說，認為「所謂術便是人君的主權，操殺生之柄，課群臣之能，以之治官……」[18]程艾藍（Anne Cheng）提及術是權力的來源之意（譯文作「權由術授」），卻未展開解釋。[19]

　　廣義的「方法」說；亦即認為術的邊界較寬泛，而不僅限於統治者針對下屬使用。如丘漢平提出「術是一種手段」，「術治」方是「人君密用以治百姓的一種手段」。丘氏雖未對該部分展開具體分析，卻已極有洞見地觸及到術在君術以外的部分。[20]陳啓天稱，術「簡單地說，就是一種方法——一種統治的方法」；術「最廣義的意義，任何方法都可名為術。廣義的意義，指統治的一切方法。狹義的意義，指集勢及任法以外的統治方法。最狹義的意義，則指權謀術數而

17　參見陶希聖：《中國政治思想史》，頁215；韋政通：《中國思想史》，頁256-257；吳秀英：《韓非子研議》，頁92；李甦平：《韓非》，頁195；馮達文、郭齊勇：《新編中國哲學史》，頁196；何兆武等編：《中國思想發展史》，頁38；張靜雯：《韓非法治思想研究》，頁146；等等。此外，認為術是君主所用詐術的觀點，因亦屬「統治的方法」範圍，故置諸此類。例如曹謙先生稱：「所謂『術』就是『詭計』，是『倒言反事』、『疑詔詭使』、『挾知而問』等陰詐的詭計」；「申不害……以為君主御臣之法。韓非……使君主成為陰險無比的人物」。見曹謙《韓非法治論》，頁67。

18　這一觀點或許是受到前人註疏的影響。完成於十七世紀的津田鳳卿《韓非子解詁》在前引文之後「此人主之所執也」一句，有注曰：「豪士賦序注引作『此人主之勢也』。」太田方《翼毳》的觀點與此相反；其注云：「執，一作勢。《文選》豪士賦注引『所執』作『勢』，非。」參見王世琚：《韓非子研究》，嚴靈峰編：《無求備齋韓非子集成》影印1928年上海商務印書館排印本，頁63；津田鳳卿：《韓非子解詁全書·定法》，嚴靈峰編：《無求備齋韓非子集成》影印日本寬永六年屋平刊本；太田方：《韓非子翼毳·定法》，嚴靈峰編：《無求備齋韓非子集成》影印日本大正六年東京富山房排印本。

19　程艾藍：《中國思想史》，頁273-274。

20　丘漢平：《先秦法律思想》（上海：文華美術圖書公司，1934年），頁122。

已。」[21]引文雖以「統治的方法」補充說明「方法」，卻在「最廣義」的層面，頗有見地地界定為超越於統治的一切方法。只是統治方法以外的方法，陳尚未具體展開分析。張純、王曉波亦認為「韓非思想中的『術』，其一般的意義就是『方法』的意思」；「所以每一個人都可以在處理事務時各有其『術』」。「但由於用『術』者的不同，及施用對象的不同，而有不同的『術』」：「臣下為取得私人利益所用之『術』，稱之為『私術』」；智術之士所用之術，則為「智術」；此外便是包含「任法」與「任勢」在內的「人君所用之術」。鄭良樹雖注意到術的用途中有「對付外界各種事事物物」，但依據其著作對術的內容所展開的說明，術的運用主體仍不外乎統治者。李增亦提醒「《韓非子》書中所使用的『術』字，除單字使用外，也與其他字結合連詞而構成道術、法術、方術、技術、藝術、學術、心術、智術之應用，再加上依據價值分類則尚有公術、私術、正術、邪術、奸術等等」，卻稱「《韓非子》雖然有提及各行各業的『術』，但未深論，而專精於君主的統治術。」上述前賢極敏銳地發覺了統治方法之外尚有一切人可用之術，卻仍從《韓非子》局部出發，以韓非禁止「私術」，「專精於」君術概括全書，殊可遺憾。[22]詹康先生力作《韓非論君術之窮》，則不僅秉持了術的使用並不限於人主的立場，且以〈難二〉篇的具體例證，證明《韓非子》作者的確親自傳授「私術」或「亂術」。其篇文云：

> 昔者文王侵盂、克莒、舉酆，三舉事而紂惡之。文王乃懼，請

---

21 陳先生的觀點雖就所謂法家概括而言，但筆者推測陳應同意這一觀點是適用於《韓非子》的。參見陳啟天《中國法家概論》（上海：中華書局，1936年），頁186-197。

22 張純、王曉波：《韓非思想的歷史研究》，頁126-130；鄭良樹：《韓非之著述及思想》，頁482-492、528-536；李增：《先秦法家哲學思想：先秦法家法理、政治、哲學》，頁599。

入洛西立地，赤壤之國，方千里，以請解炮烙之刑。天下皆說。仲尼聞之，曰：「仁哉文王！輕千里之國而請解炮烙之刑。智哉文王！出千里之地，而得天下之心。」

或曰：仲尼以文王為智也，不亦過乎？夫智者，知禍難之地而辟之者也，是以身不及於患也。使文王所以見惡於紂者，以其不得人心耶？則雖索人心以解惡可也。紂以其大得人心而惡之己，又輕地以收人心，是重見疑也，固其所以桎梏囚於羑里也。鄭長者有言：「體道，無為、無見也。」此最宜於文王矣，不使人疑之也。仲尼以文王為智，未及此論也。

詹先生看來，韓非站在作為臣屬的文王這一邊，「教他不測之術以隱匿奪天下之奸心，不令紂王和他人起疑」；這成為「坐實韓非也資助奸臣為惡」的明證。[23]

　　鄙意《韓非子》書中「術」之涵義與「道」有接近，不出途徑、方法、技藝或策略的範圍；其具體門類（如養身、射御、政治與社會情勢等）視具體語境而定。例如〈解老〉謂「夫無術者，故以無為、無思為虛也」；「術」即方法，且是治身的方法。又謂「詹子之術」，即詹何的「前識」（亦即預言）之方法。〈喻老〉謂「裏主曰：『子之教我御，術未盡也？』」引文中「術」則特指「御」之技藝。作為政治用語的「術」亦是途徑、方法、技藝或策略之義：其精確涵義仍需視其具體語境，包括卻不限於統治方法，有若前述。如特指申不害所使用的政治方法；〈定法〉謂：「申不害言術，而公孫鞅為法。術者，因任而授官，循名而責實，操殺生之柄，課群臣之能者也。」其中「術者，因任而授官……」之術，即屬此類特指。又如，特指與「法」並列的一類政治方法；〈難三〉謂：「人主之大物，非法則術

23　詹康：《韓非論君術之窮》，《政治學報》第48期（2009年12月），頁33-75。

也」;「術者,藏之於胸中,以偶眾端而潛御群臣者也。」其「非法則術」之措辭,將「法」、「術」置於並列地位,「術」指處在「法」範圍之外的統治方法、技藝。再如,指某種途徑或策略;〈八奸〉謂:「凡人臣之所道成奸者有八術」,其中「術」意為途徑,即八種奸臣達成目的所經由的途徑。〈愛臣〉謂「上比之殷周,中比之燕宋,莫不從此術也」,術亦作「途徑」之義,也就是此類社會情勢的生成路徑。

　　術涉及到諸多具體的領域,成分較為繁複,可依據不同的考察角度作出劃分。譬如依據「術」所涉領域的不同,可分為養身之術、射御之術、「前識」之術以及政治術等。但就政治方面的「術」而言,亦可再行細分:如依據適用範圍的不同,可分為內政之術與外交之術等。依據使用主體的不同,可遵循張純、王曉波提出的方法,將政治術分為臣術與君術兩部分。張的臣術更可依據韓非一派所言公私二元對立關係[24],細分為權臣/奸臣著眼於私利的私術,與智術/法術之士著眼於人主利益的術兩種。依據是否有利於政治體內部統治秩序,政治術又可分為(其學派眼中)有利於統治秩序的所謂「安術/治術」以及與之相反「亂術」兩部分,有如詹教授所強調。〈內儲說上七術〉云:「趙令人因申子於韓請兵,將以攻魏。申子欲言之君,而恐君之疑己外市也,不則恐惡於趙,乃令趙紹、韓沓嘗試君之動貌而後言之。內則知昭侯之意,外則有得趙之功。」引文提及作為臣下的申子,一邊外交於趙國,一面用觀聽之術「來窺伺君主的動靜,以此謀取私利」。[25]文中申子的策略著眼於自身而非人主的利益,當視作私術;對韓非學派來說,人臣無視人主利益的自利行動,對主臣間的支配關係構成挑戰,又應被歸為亂術。〈安危〉篇所謂「安術有七」,即

---

24 〈五蠹〉稱:「古者蒼頡之作書也,自環者謂之私,背私謂之公,公私之相背也,乃蒼頡固以知之矣;今以為同利者,不察之患也。」公私分別指向人主與臣民相反的自身利益。Cf. Paul R. Goldin, Han Fei's Doctrine of Self-interest.

25 周勳初:《〈韓非子〉札記》,頁276。

法術之士所呈獻的七種統治策略，立基於人主利益，故對其派來說屬
於「安術」。依據學說傳授／使用者的角度，又至少可以分為申不害
學派所言之術，以及韓非子等學派所言之術，以及著作權不明確的
術：如前引〈定法〉所謂「術」，在《韓非子》作者看來即是申子所
倡。〈內儲說上七術〉謂：「主之所用也七術，所察也六微。七術：一
曰眾端參觀，二曰必罰明威，三曰信賞盡能，四曰一聽責下，五曰疑
詔詭使，六曰挾知而問，七曰倒言反事。」這些沒有提及發明者的
術，或許[26]是《韓非子》作者所倡。〈問田〉所謂「臣聞服禮辭讓，全
之術也」等，則應屬著作權不明的第三種。

　　綜合《韓非子》用例而言，將術的涵義局限在統治方法領域，甚
至君主的統治方法領域，恐有失狹隘，以至不同程度上遮蔽一些極具
探究價值的問題；如《韓非子》作者推銷統治術，同時卻傳授亂術的
行為，究竟意味著什麼。

第二節　統治術與「亂術」

　　此處所謂統治術，包含著人主的統御方法，以及智術之士在人主
立場上所提出的各類自上而下的統治方法；因為二者落實在具體內容
上，並無明顯的差別。「亂術」則泛指在韓非學派看來不利於人主的
各類方法。無論當事者動機為何，客觀上能夠起到有損人主利益的方
法，皆可歸入此類。

　　統治術與亂術之內容與外延，率皆具有開放性。

　　就統治術而言，前賢在《韓非子》所列舉之統治術的內容歸納
上，為我們提供了相當的成果。如詹康先生系統梳理前賢觀點的基礎

---

26 以學說淵源劃分，具有理論上的價值（如理清思想史上的源流等），但依據目前的
　情勢，尚無法作出判然的區分：申不害等派的作品多有散佚，僅憑其輯佚文與今本
　《韓非子》，難以作出判斷。

上，將術分為「設官用人術、循名責實術、聽言問對術、伺奸決誠術、不測術、制馭權貴術」六個「主要類別」。六項內容中，聽言問對術則「尚無客觀事實或行為可供檢驗」之時的察言之術，如眾端觀聽等。伺奸決誠術即用各種方法網羅信息、刺探臣民的行為、動機以及觀念等各方面之情實。設官用人術並不同於現代意義上的人事任免，僅針對人員的任用與升遷。循名責實術中，「名」可指承諾、法令、賞罰、官職或宗法身份等，「實」可指事實，或實際的行為、功過、權責等。循名責實即要求承諾、法令、賞罰、官職或宗法身份等，須與事實或臣民實際的行為、功過、權責、尊卑等相互匹配。不測術是隱匿人主的行為舉措、思想意圖、好惡傾向等各類信息，以防臣下的偵知與利用。制馭權貴術，則是專門針對可能威脅到人主支配力的權臣而採取各類舉措。[27]以這些類型歸納《韓非子》一書已然列舉的各種統治術，已頗精審；然而統治術在具體內容上並不僅限於此，而是具有開放性的。這是由統治術內部與外部的不同相關因素所共同決定的：統治術近於「兵法」的定位，是其開放性的內在原因。〈揚權〉援引所謂黃帝之言「君臣一日百戰」，將君臣喻為作戰的雙方。在這種意義上，君主運用統治術，則如同作戰者運用兵法，最忌僵化固執，而不排斥靈活發揮、出奇制勝。[28]其派不拘泥任何固定教條，具體問題靈活應對（〈五蠹〉所謂「不期循古，不法常可」、「論世之事，因為之備」）的高級原則，是其開放性的外部原因。《韓非子》所羅列的統治術，蓋出於啟發讀者而出具的部分內容與典型例證；若將其作為統治術的全部內容，則恐失其精魂。統治術內容上的

---

27 詳見詹康：《韓非論君術之窮》。

28 詹康先生以外，亦有學者關注韓非子思想與兵法的關聯。例如張涅先生、艾其茂先生等。見張涅：〈《孫》《老》《韓》的精神異變〉，《中國哲學史》1998年第1期；艾其茂：《春秋戰國時期兵、法兩家思想體系比較研究：以孫子和韓非子為例》，江西師範大學碩士論文，2002年。

靈活不羈，直接導致了它在使用對象上的開放性。蕭公權先生曾提出
「術（按，指統治術）則專為臣設」的觀點，張純、王曉波批評說：
「術之對象固然包括臣，尤其韓非強調『明主治吏不治民』（《韓非
子・外儲說右下》），故言『術』多以臣為對象。但是，以歷來學者多
認定為言『術』之〈八經〉、『內外儲說』諸篇而言，如〈八經〉篇中
之『因情』之為『術』，說到『賞莫如厚，使民利之；譽莫如美，使
民榮之；誅莫如重，使民畏之，毀莫如惡，使民恥之。』這又怎麼是
不包括以民為對象呢？」[29]其實不僅是民眾，即使政治體外部的與國
或敵國，即使自然環境中的山川萬物，只要情勢需要，只要有利於統
治，沒有什麼能夠限制韓非學派統治術的施展。

　　韓非學說中的「亂術」，在形式上可大體分為被《韓非子》作者
明確提出的[30]，以及暗含於文意間的兩種。就前一類而言，具體的例
子如〈內儲說上七術〉「倒言」名目下，有連續的案例：

　　　　陽山君相衛，聞王之疑己也，乃偽謗勸豎以知之。
　　　　淖齒聞齊王之惡己也，乃矯為秦使以知之。
　　　　齊人有欲為亂者，恐王知之，因詐逐所愛者，令走王知之。

這些案例所招致的客觀後果，是教授臣屬如何隱藏自身的真實信息，
以及偵知君主一方的信息、以確定下一步的不軌行動，當屬亂術無
疑。後一類是將亂術的方法暗含文中，需要讀者透過文字表面去意
會。例如〈主道〉篇基於人主立場，宣稱「官有一人，勿令通言，則
萬物皆盡」，亦即禁止職官相互交流，將人主置於出今天所謂「結構
洞」（structural holes）的位置，極利於信息的採集。有心於亂術的讀

29　參見蕭公權：《中國政治思想史》上冊，頁245；張純、王曉波：《韓非思想的歷史
　　研究》，頁126。
30　此處僅言列出，而不論其作者明面上是提倡還是禁止態度。

者，卻可由此獲得有關職官則可主動「通言」，甚或統一口徑的啟
發。內容上，亂術又可疏略分為六類：一、破壞政治秩序類；亦即以
弒君、擅主、控制賞罰、結交職官、殺害他人等方式，破壞由人主掌
控的政治秩序。如〈二柄〉篇弒君的田常，〈八奸〉篇所謂「威強」
等。二、擾亂經濟秩序類；亦即以重斂、徭役或向民眾施以經濟恩惠
等行為，造就不利於人主的局面。如〈備內〉、〈詭使〉篇提及借助人
主沉重的稅役，使民眾投靠權臣勳貴門下（「民苦則權勢起」）等。
三、擾亂軍事秩序類。如〈十過〉篇提及「司馬子反渴而求飲，豎穀
陽操觴酒而進」一例中，穀陽於戰爭期間慈惠將領飲酒，以致耽誤隨
即而來的作戰，等等。四、擾亂思想文化秩序類。如〈六反〉、〈五
蠹〉等篇反覆強調的，傳播與法令牴牾的各類思想、學說等。五、擾
亂外交秩序類。如〈八奸〉篇所謂結交大國，援大國威勢「以震其
君」者等。六、其他類型，亦即仍有一些亂術，並未影響上述五類秩
序，但同樣會危及統治者。如前引〈內儲說上七術〉「倒言」諸例
中，亂臣的綫人與君主之信息交流表面看來並不違背法令規章，亦未
妨害上述五種秩序，我們依舊將它們劃歸亂術，是因其術作為獨立的
步驟，又附屬於一個更為複雜的「為亂」計畫。此外，一個損害人主
統治的事例往往同時涉及上述多個領域；如「貴生之士」（〈六反〉）
傳播一種價值觀，影響本在思想文化領域，如若其「不入危城，不處
軍旅」（〈顯學〉）的觀點影響了征兵與作戰，則同時招致擾亂軍事秩
序的效果。亂術一如統治術，理論上不存在確定的內容構成。無需贅
言，這仍是「術」思想近於兵法，最忌僵化固執的內在特徵，及其與
「不法常可」、「事異備變」之原則相結合的必然結果。

　　亂術同樣不存在固定的使用主體與針對對象。使用主體方面，不
論使用者是文武官員、民萌眾庶，還是法術之士，甚或人主自謀昏
策，只要被認為是損害了人主的利益，即應歸為亂術範圍。例如，
〈外儲說左上〉篇提及中山國國君優禮岩穴之士，到了「所傾蓋與車

以見窮閭隘巷之士以十數，伉禮下布衣之士以百數」的程度，趙國君臣依據「夫好顯岩穴之士而朝之，則戰士怠於行陣；上尊學者，下士居朝，則農夫惰於田」的道理，認為有機可乘，於是起兵滅掉中山國。此例即屬因人主自身的策略失當而直接招致國家的滅亡。其篇又謂：「李悝警其兩和，曰：『謹警敵人，且暮且至擊汝。』如是者再三，而敵不至；兩和懈怠，不信李悝。居數月，秦人來襲之，至幾奪其軍。此不信患也。」文中作為軍事統帥的李悝，為提高軍隊的警惕不惜採用謊報軍情的方法，終究喪失了軍隊的信任，招致戰鬥敗績。〈五蠹〉篇更有為「匹夫」謀劃的亂術，謂：「然則為匹夫計者，莫如修行義而習文學。行義修則見信，見信則受事；文學習則為明師，為明師則顯榮：此匹夫之美也。然則無功而受事，無爵而顯榮，為有政如此，則國必亂，主必危矣。」這三項事例中，亂術的發起者涉及君臣民眾，且並非故意針對人主。但凡造成損害人主利益的效果，皆應歸入亂術。使用對象方面，亂術的所針對的可能是人主，如前引〈內儲說上七術〉中的「倒言」諸例；可能是人臣，如〈孤憤〉篇中，對「主失勢而臣得國」局面負有罪責的「當塗之人」，即將傾軋的鋒芒，指向「智術之士」；亦可能是軍隊或民眾，如前引〈外儲說左上〉篇李悝以及中山國國君事例；甚或不存在任何確定的針對方，而僅是單純的自求生存，如前引「修行義而習文學」的自我完善行為。

　　事實上，今本《韓非子》中各類治術與亂術甚至不存在判然的界限。統治術的任何部分，皆可為服習亂術者提供諸如因循或破解的對象等方面的參考與啟發；亂術的任何部分，亦可為研習統治術者提供同樣性質的助益。[31]同樣的方法，被統治者用來對待臣下即屬統治

---

31 亦即《孫子・謀攻》所謂「知己知彼，百戰不殆」者。例如前引〈主道〉「官有一人，勿令通言」的建議，即與〈備內〉「大臣比周，蔽上為一，陰相善而陽相惡，以示無私，相為耳目，以候主隙，人主掩蔽，無道得聞」之間，構成相為「彀的」的關係。

術，被作亂者採用即屬亂術。仍以前引〈內儲說上七術〉之「倒言」
條目為例，人主可用其術考驗臣下，臣下亦可以之刺探人主。由此，
不論在內容上、使用主體上還是使用對象上，統治術抑或亂術皆為不
確定性所充斥。它如同兵法，屬於作戰各方皆可借助與發揮的存在；
任何人只要願意採用，都可以用它來針對任何人，或任何問題。

那麼，一面聲稱「智術之士」「燭私」、「矯奸」的立場，一面傳
授亂術，對韓非學派而言是否構成一種自相矛盾的迷惑行為？答案恐
怕是未必。這一現象或許表明智術之士關注自身的生計問題，甚於為
其擇取人主的行為設定原則界限。[32]《韓非子》諸篇之中，但凡出現
智術之士、有（道）術之士、法術之士處，其人不論臣屬抑或賓客，
率皆屬於輔佐人主之類型。然「人主」的類型卻是多樣的：智術之士
理論上可輔佐的人主，有萬乘之國的國君（如史上所爭論的韓非本人
「為秦」抑或「為韓」），有淪為萬乘之國附庸的小國君主，還有從屬
於某諸侯國的各級封君（如廣招門客的戰國四公子），以及宗室勳貴
或權臣巨室（如公叔痤、呂不韋之類）等。除了保持獨立地位的國君
無事實上需要服從的上級，其他各類人主，皆是既擁有臣屬或賓客，
又需處理自身與上級「人主」的關係。例如前述〈十過〉篇子反的例
子中，子反即可視作穀陽的人主，同時又是楚共王的人臣。這些身處
中間層級的人主，既需有效地統御屬下，亦不免與猜疑自身的上級人
主爭權奪利、鬥智鬥勇。因而針對不同的人主，「安術」與亂術之間
並無固定的界限：如對子反來說屬於安術的計策，對楚共王則可能屬
於亂術。智術之士對於統治術與亂術的全面研習，蓋對應著此種需
求。如此看似矛盾之處，恰可拓展服習「術」的學派後學的「就業領

---

32 有趣的是，「自相矛盾」一詞恰可溯至《韓非子·難一》的一則寓言故事。故事中
　　矛與楯兩種相抵的兵器，是由同一商人售賣；這與針對臣下的統治術與針對人主的
　　亂術，由韓非學派同時傳授有近似。其近似之處是智術之士與軍械商人的所作所
　　為，目的皆在應對自身的生計問題。

域」，使其輔佐目標不必局限於政治體內的最高統治者。[33]

第三節　統治術的局限

　　統治術不同於亂術的一個顯著特徵，是其各項內容皆以局面的有效支配為根本宗旨。至少《韓非子》針對彼時代所出具的統治術，率皆服從此一宏觀目的。具言之，有效支配全局首先需要及時獲取、識別真實有效的信息——伺奸決誠、聽言問對、循名責實等術正可擔此責任。次之是對有效信息予以分析、處理，及時提出適宜的對策。若其對策由特定部門的職官作出，則需該部門擔負責任、妥善應對——這是設官用人、循名責實之術的責任領域。若需人主出具應對，則需集思廣益，以確保決策的妥當——這需要聽言問對之術與隱匿人主意圖、偏好的不測術發揮效用。再次是決策的執行。這就需要責任方以堅定的執行力將決策付諸實施——這又需要設官用人、循名責實、伺奸決誠等多方面的綜合作用。此外，人主還需防備、戰勝各類公開或潛藏的威脅。這又需要不測術來隱匿人主行為與思維上的定式，制馭權貴術來成功駕馭各類重要人物。表面看來，散見於《韓非子》諸篇的統治術看似紛繁雜亂，內容上卻能顧及上述各個方面，不枉《韓非子》作者花費大量篇幅，所給予的討論與誇讚。

　　然而試圖達成一定的社會目的，皆須付出某種代價。以達成上述支配效果為目的之統治術，自無法例外。筆者嘗試以如許三項具體例證，來證明這一點：

---

33 歷史上此類記載繁多。例如《史記・陳丞相世家》中陳平，為劉邦策劃項羽君臣的反間，對項羽而言為亂術，對劉邦而言則為安術。另外，此類現象與《史記・老子韓非列傳》所述韓非事蹟並不矛盾。因為無論韓非本人動機如何，文本一旦形成，對其理解即獨立於作者；學派一旦形成，就未必事事全賴開創者的個人意志支配。

　　首先，職官系統自主能力的嚴重削弱。統治術對於可預期效果單面向的追求，將促使整個職官系統採取相應的對策。具言之，統治術成功掌控全局的理想，微觀層面上實則依賴於人主各類決策的正確。決策的正確，又不得不以成功預測不同決策所招致的效果為前提。而理論上只有面對可以預期的情勢，方可準確判斷應對策略的妥當與否：譬若〈八說〉篇謂：「法有立而有難，權其難而事成則立之；事成而有害，權其害而功多則為之。」文中「事」、「功」與「難」、「害」，皆是當事者對情勢的預期。追求可預期的效果，是韓非統治術的一項突出特點。其最為典型的例證，是對實際功勳大於承諾者的誅罰建議。〈二柄〉謂：「功當其事，事當其言，則賞；功不當其事，事不當其言，則罰。故群臣其言大而功小者則罰，非罰小功也，罰功不當名也。群臣其言小而功大者亦罰，非不說於大功也，以為不當名也害甚於有大功，故罰。」陳拱先生評價稱，實際處置中難以避免意外因素，功過很難在量上與計畫精確等同，「如是，則群臣之處事者，唯有罰的成分。」[34]這種看似刻薄的建議中若存在符合理智之成分的話，就是力圖使事務變得可以預期：臣下嚴格依據計畫行事，局面方可能向可預期的方向演變，人主即可將此作為其下一步決策的基礎；換言之，此種情勢可使人主成功支配局面。反之，若承認實際情勢的多變，要求臣下靈活處置，甚或以出奇制勝的指令激勵臣下，使後者得以因事制宜，充分施展創造力，那麼整體局面將由積極行動的臣下所主導[35]。可見此種統治術著眼於政治體內部，試圖以職官系統失掉靈活性與創造力的代價，來換取人主對全局的有效掌控。職官們亦將趨利避害，謹慎地出具最易達成的承諾，完成既定任務之後立即停止前進，杜絕逕自尋求更大的成就（即使此類成就垂手可得），並

---

34 陳拱：《韓非思想衡論》（臺北：臺灣商務印書館，2008年），頁53。
35 亦即《孫子‧九變》「君命有所不受」所形容的情形。

於此過程中竭力排除意外的發生。職官系統依據具體情勢靈活處置的自主能力，於是為機械地執行指令所取代。[36]

其次，人主躬親的工作負擔。統治術的另一突出特點，是其在職官制度的建設（亦即「設官術」的領域）上少有建樹，在人主的躬親上卻不吝精力。其派的出發點似乎很符合表面化的經驗：將重要的事務交給職官，將招致職官支配力的坐大，甚至出現職官專擅一方，制約人主的現象。[37]新生之職官系統的不成熟，促使其學派作此建議；這一因噎廢食的建議，又使各類政治事務難以催生更為健全的職官結構，而僅能以人主躬親的方式應對。僅以搜集、識別有效信息為例，《韓非子》在如何組織可靠的信息採集與識別機構上鮮有嘗試，而僅強調人主本人兼聽與參驗的重要。[38]王叔岷有批評稱：「申子政績雖不能至於霸王，然其『治不踰官，雖知不言』之見，亦是守正之道。與儒家『君子思不出位』……之旨相近。與司馬談論法家『明分職，不得相踰越』之意亦相符。實則各守其職，各盡其分內之言，然後人主之視、聽乃得其正也。韓非以為知其當言，然後可以廣人主之視聽，不知逾分之言，反有亂視、聽之患也。」[39]王先生的批評，即有指向韓非一派較之對專職機構的責成，更傾向人主的個人判斷這一點。且不論人主個人判斷的可信度，[40]僅在個人的時間與效率皆有定限這一

---

36 詹康先生已提出這一觀點。參見詹康：《韓非論君術之窮》。其派對後世專制皇權之下，官僚系統保守固執的性格，蓋有無法逃避的罪責。此外，韓非學派「論世之事，因為之備」的主張，以及前述可預期性，應僅對人主而言。人主需要（以「不測術」等方式）在特定領域（如判斷抉擇、個人好惡等）對臣民的預期設置障礙。以防「奸人」正確預測情勢，危及人主。

37 〈人主〉謂：「所謂貴者，無法而擅行，操國柄而便私者也；所謂威者，擅權勢而輕重者也。」

38 例如〈八經〉、〈備內〉、〈內儲說上七術〉篇謂「聽言」、「眾端」、「參觀」等具體內容，又如〈主道〉近似今日「結構洞」的設置，詳見後文。

39 王叔岷：《先秦道法思想講稿》，頁259。

40 〈難勢〉言人主大概率為平庸之輩（「中主」），有如本書第一章，第一節所論及。

點上，親自上陣搜求信息，在國小民寡之時尚可應對；一旦社會結構繁複，事物紛繁，人主即疲於奔命，有效信息連同其自身精力一起淹沒在各類瑣碎信息的海洋。[41]其餘領域如用人、刑賞、循名責實等內容，亦面臨此問題。[42]這就是為什麼重視職官機構的建設，人主作最為關鍵的決策，將其他事務交給職官的處理方法更為明智：職官組織若在接受監督約束的結構之中運作，既可依照其確定的處置原則來貫徹人主意願，又可有效降低人主的負擔——戰國時代職官機構的興起，即已明證此趨勢。蓋較此種極具想像力與前瞻性的規劃，韓非一派更側重有效的歷史經驗（亦即〈顯學〉所謂「參驗」）；而為歷史驗證的經驗，又多是建立在春秋時代以來規模有限的諸侯國內。以此類陳舊統治術應對戰國末期急遽演變的形勢，與〈五蠹〉所指摘的泥古又有何異。其後始皇趙政治海內，「天下之事無小大皆決於上，上至以衡石量書，日夜有呈，不中呈不得休息」，即屬仍未擺脫此歷史慣性拖曳的典型事例。[43]

再次，人主形象的崩壞。歷代統治者皆以某些行為舉措而獲得與之相應的評價。運用韓非子統治術的統治者亦莫能外。常有學者設想此類君主所應招致的負面評價：如郭沫若喻之為「蜘蛛」，牟宗三稱

---

41 曹謙先生評價稱：「因人臣怕他的陰謀，不敢不『貢情』（猶今言『吐實』），擁蔽之患盡除，而明見萬里之外。但未必一人獨智，天下盡愚，終於爾詐我虞，『君臣一日百戰』，人君恣肆於上，群臣驚懼於下，人人求自全，而奸乃更多。用術本以止奸，而適得其反，其貽害亦是無窮的。」見《韓非法治論》，頁67-68。韓非一派雖反對人主事必躬親（如〈主道〉篇謂「人主之道，靜退以為寶；不自操事而知拙與巧，不自計慮而知福與咎」；等等），卻未有見於「知事」則須調查探究，從而帶來工作負擔這一點。

42 如刑賞方面，〈二柄〉謂「今人主非使賞罰之威利出於己也，聽其臣而行其賞罰，則一國之人皆畏其臣而易其君，歸其臣而去其君矣。此人主失刑德之患也」。參見本書第一章，第一節。

43 見《史記·秦始皇本紀》。秦代雖有設立禦史等監察系統的前瞻性舉措，然仍未擺脫君主本人具體責任集中，具體事務繁重的問題。

之為擁有「黑暗的秘窟」的大皇帝，等等。[44]我們暫以陳拱先生認為「最可怕，最墮落」的誠信問題為例[45]，探究君主如何招致此類評價：《韓非子》中有講到測試臣下誠信的詐術，如「韓昭侯握爪，而佯亡一爪，求之甚急；左右因割其爪而效之。昭侯以此察左右之誠不」（〈內儲說上七術〉）；此種「挾智」之術，以虛構事件的方法，來測驗屬下是否誠實。那些「割其爪而效」的不誠實分子一旦被成功測出，詐術即似顯現成效；然而人主亦須同時付出詐術敗露（若非敗露，「佯亡」的情節自不會流傳）、誠信喪失的代價：旁人很難再次相信那個謊稱「狼來了」的孩童，而不論其童當初想要測試什麼。[46]其他方面，亦多有似與此：統治術中各類遮掩、陰鷙以及不吝慘刻的內容，與上述令其主喪失誠信的詐術一起，成功使臣民陷於恐怖羅網[47]的同時，在各個方面促使人主走上形象崩壞的道路。《韓非子》作者將其揭櫫篇文，令受眾知悉、研習，以向旁人提供解釋說明的方式，提升著旁人的覺悟。這不僅會使旁人及時發覺用術人主那醜惡蠢愚的形象，更會使已被看穿的統治術失去人主想要的效果。

　　此種依據《韓非子》所羅列的統治術推想而出的結構裡，為了維持人主對局面的主宰地位，職官系統自主的進取行為不被鼓勵，寧可放棄轉瞬即逝的絕好時機；人主既要喪失信用，擔負各種負面的聲

---

44 詳見郭沫若：《十批判書》，頁208-309；牟宗三：《牟宗三先生全集・中國哲學十九講》（臺北：聯經出版事業公司，2003年），頁169。

45 陳拱：《韓非思想衡論》，頁274-275。又，樹立典型例證是種惡行，因為它無法彰顯不同類型例子的獨特性。本章因篇幅所限而作惡如此，謹請諒解。

46 事實上，今本《韓非子》一面反覆強調誠信的功效（如〈內儲說上七術〉「吳起為魏武侯西河之守」條目以及後文所引《外儲說左上》篇李悝事例等），一面卻在傳授各類詐術。

47 Charles de Secondat Montesquieu, Anne M. Cohler, Basia C. Miller, & Harold S. Stone (eds). *The Spirit of the Laws*, p. 28. 中譯可參見孟德斯鳩：《論法的精神》上冊，張雁深譯，頁26：「專制政體則需要恐怖……要用恐怖去壓制一切人的勇氣，去窒息一切人的野心。」又，本書第二章，第二節亦提及恐怖統治，可參見。

名，又要以自身的時間精力應對各類事物。然而新形勢並不可能永不
出現；統治者著眼於眼下情勢的指令，終究能夠引發何種後果，絕非
統治者所能全然預期抑或掌控。職官體系保守馴順的運作，可能被不
可預期的情勢損毀；人主的負面形象，或許會迫使真正具有智慧的人
士遠離體制，甚至能夠為臣民的各類反抗行為提供民意支援，以及倫
理上的正當性；一朝國家規模擴張，社會趨向繁複，這副構造就會立
即面臨人主不堪重負以致整個系統轟然垮塌的風險。更需注意的是，
這些內容在人主運用統治術所需承擔的各類代價中，僅為其一隅。

　　然而某種意義上，絕對權力若想免於「危亡」（〈二柄〉），達成或
維持支配全局的目的，就一定要不惜付出它能夠擔負的任何代價。[48]
宗旨的確定、內容的不確定與代價的不可避免這些屬性特徵，決定了
統治術的運行模式，是欲達成明確的目的而不排斥任何有效的方法，
不惜付出它能夠擔負的任何代價。讀者可能發覺這樣的運行模式中，
統治術並不存在倫理上的禁忌或底綫——前賢之批評統治術陰暗齷
齪，無所不用其極，蓋此緣故。

*　　　*　　　*

　　長久以來，學者多基於儒家或現代思想的立場，批評術思想在倫
理上的邪僻[49]。鮮有學者從韓非學派提倡的效用／功利價值出發，探
究這樣一種同時講授統治術與亂術的思想，意味著什麼。

　　對其學派自身而言，術思想最終使之置身於難被各類人主真正信
任的位置上。這不僅是因為韓非一派運用他們的修辭術，看上去是在
明裡暗裡向各方表達提供幫助的意圖，實則卻是以有意強調不同身份
人群之間的利益差別的手法，來分化社會，將原本和平的局面推向戰
爭的方向；更是由於一項不難發現的利益消長關係：智術之士輔佐下

---

48 即前引「事成而有害，權其害而功多則為之」所指。
49 例如王靜芝先生、陳拱先生等學者的批評。參見《韓非論君術之窮》。

的人主，其支配權獲得一定程度的有效伸張，對智術之士來說是好消息，因為這或許證明了術思想經得起實踐的參驗；威脅人主的力量長期無法消除，對智術之士來說卻是更好的消息，因為這會使後者免於失去存在價值，踏上鳥盡弓藏的窮途。進言之，人主與其競爭者之間的傾軋越是激烈，情形越是複雜，雙方就越是需要智術之士的輔佐；人主在與對手的爭鬥中地位越是被動，申韓等講求治術的學派就越受歡迎。[50]因此，即使我們暫且擱置智術之士投效各類權臣勳貴的行為對整個政治體構成的威脅，僅在智術之士的存在價值與人主權力受到挑戰的情勢相互依存這一點上，養敵自重對強調「慮其後便、計之長利」(〈六反〉)，衷心於利弊權衡[51]的韓非學派來說，也顯然是更具理智的選擇。也就是說，智術之士提出的尊君主張與他們所身處的實際利害關係自相衝撞，或許是他們難以獲得信任的深層原因。

　　對社會來說，與那些試圖建立更優秩序的思想判然有別，韓非子術論整體而言帶有反理想的、反秩序的特點。所謂反理想，是指術思想近於兵家、縱橫家那般，目的並不是為神州兆民、天下蒼生提出一個更優越的社會整體圖景，而只是利用了現實社會中的衝突傾軋，以分別為各方提供靈活具體的「謀略服務」的方式，應對其所輔佐之人的各類現實事務，維繫著自身的存在。——某種意義上，這正是貫徹了韓非學派對從現實出發(「論世之事，因為之備」)的旨趣。而這種旨趣並不存在倫理方面的底綫。所謂反秩序，是說任何一種規則體系、社會秩序皆面臨著為術思想所顛覆的危險。這是因為術的精髓，

50　正如前述矛楯寓言中，出售矛楯的商人或許會發覺他所售出的矛愈是鋒利，對於購矛者的敵人而言，他的楯就會愈發具有需求；械鬥或戰爭爆發愈是頻繁，規模愈是宏大，他的商品就愈有銷路那般。

51　韓非學派對人的行為受到利害關係的驅動這一點，反覆的強調。如〈備內〉謂「醫善吮人之傷，含人之血，非骨肉之親也，利所加也；故輿人成輿，則欲人之富貴；匠人成棺，則欲人之夭死也；非輿人仁而匠人賊也，人不貴，則輿不售；人不死，則棺不買；情非憎人也，利在人之死也」；等等。

並不只有制定或遵循一定的秩序，更有以各類變詐打破任何既有的規則與秩序。《韓非子》術論中諸多看似秩序性的具體建議，往往有此特性：它僅針對政治體特定成員出具，而成為另外一些成員所破解、顛覆的目標。[52]在有競爭關係的各方如何達成共識這一點上，它非但無所建樹，甚至構成阻礙──而此處所謂共識顯然又是維繫社會共同體免於破裂的必要條件。[53]因此，術論顛覆理想、破解秩序的特點與前述使用主體與針對對象的不確定（亦即前述任何人皆可用它來對待任何問題）的特點若相結合，呈獻給讀者的，恐怕終是與《韓非子》表面所鼓吹之尊君強國秩序背道而馳，卻恰在事實上最有利於其學派的共同體之分崩離析，以及社會成員相互劫掠、無法無天的混戰景象。

　　簡言之，韓非學派的術思想終究無法以秩序取代混亂，而是以某種更為嚴重的混亂，來應付既有的混亂。

---

52 例如前引〈主道〉篇與〈備內〉篇相為彀之兩項建議中，前者作為一種秩序性建議，僅為統治者而出具，且單方面有利於統治者；後者針對前者提出的顛覆方法，亦僅為臣下出具，單方面利於臣下。

53 此外，與「法」互補使用，亦不能改變這種無秩序的問題。因為具有立法權的人主可將術的精神貫徹於立法行動中，人臣亦可用術使法令喪失效力或權威。

第四章　性

　　前賢針對《韓非子》人性觀的討論，可略分為性惡說與自然人性說兩派。性惡說認為《韓非子》作者對人性予以負面（immoral）的解釋或評價。例如晉代仲長敖文學作品《覈性賦》即提及荀韓等之「性惡」說（《全上古三代秦漢三國六朝文・全晉文・卷八十六》）；熊十力《韓非子評論》列舉〈六反〉所謂「父母之於子也，產男則相賀，產女則殺之……慮其後便，計之長利也；故父母之於子也，猶用計算之心以相待，而況無父子之澤乎」之論，〈外儲說左上〉「相為則責望，自為則事行」之說，及其後文父母嬰兒、賣庸播耕等相互計算之事例，〈備內〉篇醫人、輿匠等普遍的趨利行為等，以證「韓非以為人之性本無有善，凡人皆挾自為心，只知有利而已」，故性惡說「無可諱言」；於是統治者在對待人民方面「無可以誠信相與」，直任術嚴法而已。[1]郭沫若《韓非子的批判》中，提及「性惡」說非但為韓非子所倡，且構成其學說的基礎、「作為現實的根據」；[2]勞思光在上述〈六反〉引文基礎上，亦認為韓非「謂性惡論之極端形態」。[3]唐君毅謂韓非「要在言『人心之計慮』與『性之自利』恆相結，以成其私的利害之計慮者。此私的利害之計慮，藏於人心之深密之地者」，

1　熊十力：《韓非子評論・與友人論張江陵》（上海：上海古籍出版社，2019年），頁16-21。

2　郭沫若：《十批判書》，頁233-234。

3　勞思光：《新編中國哲學史》（北京：生活・讀書・新知三聯書店，2015年），頁268。

亦即「性」中的自利內容與「心」的權衡計算相結合，成為解釋人
類各類行為的出發點。[4]王邦雄亦謂「韓非之性惡，則直就其本身
說，且出乎人心所刻意為之者。性既自利，心又為成其私之利害的計
量，二者相結，人之內在遂漆黑一片」；「韓非心性俱惡，道德規範與
教育師法兩路皆斷，已無以扭轉這一心性的沈落。惟有訴之於賞罰之
法，與君勢之威權了。」[5]傾向於此說的，還有渡邊秀方、陳烈、謝
無量、丘漢平、陳啓天、蕭公權、杜國庠、馮友蘭、黃秀琴、趙海
金、陳榮捷、韋政通、王煥鑣、王叔岷、王元化、張素貞、吳秀英、
葛兆光、金春峰、鮑吾剛（Wolfgang Bauer）等諸多學者。[6]

4　唐君毅：《中國哲學原論・原道篇》（北京：中國社會科學出版社，2006年），頁300。

5　參見王邦雄：《韓非子的哲學》，頁107。王先生後有大著《中國哲學論集》，否定自
　　己先前有關性惡論的主張，用「自利人性說」來描述《韓非子》人性觀。見王邦
　　雄：《中國哲學論集》（臺北：臺灣學生書局，1986年），頁109。

6　參見渡邊秀方：《中國哲學史概論》（上海：商務印書館，1926年），劉侃元譯，頁
　　194；陳烈：《法家政治哲學》，頁77；謝無量：《韓非》，頁203；丘漢平：《先秦法
　　律思想》，頁106；陳啟天：《增訂韓非子校釋》，頁945-946；蕭公權：《中國政治思
　　想史》上冊，頁231；杜國庠：《先秦諸子思想概要》，頁64；黃秀琴：《韓非學術思
　　想》，頁62；趙海金：《韓非子研究》，頁56-60；馮友蘭：《三松堂全集・中國哲學
　　史》（北京：中華書局，2014年），頁337；Wing-Tsit Chan, *A Source Book in Chinese
　　Philosophy*, Princeton University Press, 1973, p. 254；王煥鑣：《韓非子選》，嚴靈峰
　　編：《無求備齋韓非子集成》影印1965年排印本，前言頁12；張素貞：《韓非子思想
　　體系》，頁42；吳秀英：《韓非子研議》，頁68；王叔岷：《先秦道法思想講稿》，頁
　　233；韋政通：《中國思想史》，頁248-250；王元化：《韓非論》，載《王元化集》（武
　　漢：湖北教育出版社，2007年），卷6，頁18；童書業：《先秦七子思想研究》，頁
　　225；葛兆光：《中國思想史》（上海：復旦大學出版社，2013年），頁155；金春
　　峰：《先秦思想史論》，頁225-226；鮑吾剛著，嚴蓓文、韓雪臨、吳德祖譯：《中國
　　人的幸福觀》（南京：江蘇人民出版社，2010年），頁68。又，楊寬先生稱韓非為
　　「性惡論的擴大」，見楊寬：《戰國史》（上海：上海人民出版社，2016年重訂版），
　　頁559。陶希聖先生稱韓非人性觀「很近於性惡說」；王世琯先生稱韓非子承襲了荀
　　卿性惡論的「人性利己觀」，曹謙、謝雲飛、朱伯崑等先生亦稱人性利己觀、人性自
　　私說，卻未予倫理評價。參見陶希聖：《中國政治思想史》，頁196；王世琯：《韓非
　　子研究》，嚴靈峰編：《無求備齋韓非子集成》影印1928年上海商務印書館排印本，
　　頁84-89；曹謙：《韓非法治論》，頁33-35；謝雲飛：《韓非子析論》，頁101-104；朱

　　自然人性說則主張《韓非子》所言之人性實質上是無善無惡的、
「非道德」（amoral）的。如張申提出，韓非在任何地方「都沒有說
過『自為』的人性是惡的。如果認為這就是性惡論，那未試問：這是
韓非的觀點，還是我們根據某種觀點對韓非的觀點所作的評論？」亦
即韓非只是認為人性自是如此，並未從倫理道德上評價趨避自為人性
的善惡；對其派而言，人性觀總體上「既不是性惡論，也不是性善
論，而是無善無惡的自然人性論」。[7]此說一起，學界屢有回應。王曉
波、林義正、姚蒸民、鄭良樹、朱貽庭、高柏園、李增、黎紅雷、陳
蕙娟、周熾成、黃裕宜等學者，亦多以《韓非子》對人性「不作判
斷」為由，將其趨避自為的人性觀歸諸非道德的或「中性」的這一
邊。[8]發現《韓非子》對人的趨避總體上未予一致而明確價值判斷，
似是自然人性說相較性惡說更具說服力的地方。

　　兩派觀點之間亦有共識存在。認為《韓非子》所言人性，存在
「天生本有」、「天生稟賦」的領域，即是雙方最為基礎的共識。否則

伯崑：《先秦倫理學概論》（北京：北京大學出版社，1984年），頁258-262。何兆武
　　等編：《中國思想發展史》，頁40；周富美：《墨子・韓非子論集》（臺北：國家出版
　　社，2008年），頁527。

7　張申：〈韓非是性惡論者嗎？〉，《吉林師大學報》1979年第3期。

8　參見王曉波：《儒法思想論集》（臺北：時報文化出版公司，1983年），頁192-194；
　　林義正：《先秦法家人性論之研究》，載臺大哲學系主編：《中國人性論》（臺北：東
　　大圖書公司，1990年），頁92-104；姚蒸民：《法家哲學》，頁91-96；姚蒸民：《韓非
　　子通論》，頁119-129；鄭良樹：《韓非之著述及思想》，頁426-428；朱貽庭：《中國
　　傳統倫理思想史》，頁182；高柏園：《韓非哲學研究》，頁78；李增：《先秦法家哲
　　學思想：先秦法家法理、政治、哲學》，頁174-178；馮達文、郭齊勇主編：《新編中
　　國哲學史》，頁197-198；陳蕙娟：《韓非子哲學新探》，頁132；周熾成：《荀韓人性
　　論與社會歷史哲學》（廣州：中山大學出版社，2009年），頁83-88；黃裕宜：《〈韓非
　　子〉的規範思想：以倫理、法律、邏輯為論》，頁70-75。又，陳拱先生批評《韓非
　　子》人性觀「進不了德性層，而只能在利害層轉動」，亦屬於一種「非道德」
　　（amoral）的人性說。參見陳拱：《韓非思想衡論》，頁114、135。此外，呂振羽以
　　「自私自利的天性」描述韓非學派的人性觀，未予倫理評價。見呂振羽：《中國政
　　治思想史》，頁204。

不同的觀點，全然不需在「人性」的題目下展開。[9]雙方論證《韓非子》人性觀所依據的素材，如前引〈六反〉中的殘害女嬰，〈外儲說左上〉中的血親相怨、賣庸播耕，〈備內〉篇醫人、輿匠等趨避事例上，尚未得見明確的分歧。雙方的歧異，與其說是這些現象可否成為討論「人性」的有效證據，不如說是針對這些現象，應當作何判斷。雙方的第三項共識，乃是《韓非子》人性觀中，不存在固定的「善」（moral），或者說，不具備「固定的正面內容」。

第一節　前賢面臨的難點

評價前賢觀點，需要從《韓非子》人性觀所具備的某些特點說起。

《韓非子》各篇所謂「性」，涵義視具體語境而有不同。一種用法是指向「天生稟賦」（innateness 或 inhuman behaviour；天生即有之能力）的層面。如〈顯學〉謂「夫智，性也；壽，命也；性、命者，非所學於人也」；亦即韓非學派已然對「性」提出了天生即有、非後天接受這一明確的限定，與《禮記·中庸》「天命之謂性」、《孟子·告子》「生之謂性」以及《荀子·性惡》謂「凡性者天之就也，不可學，不可事」對「性」的限定相符。此外，今本《韓非子》言及此層面時，未必使用「性」字。如〈解老〉云「聰明睿智，天也」，言耳目官能與心思智慮的具備與否、能力的強弱，應取決於天生層面。另一種用法是側重「情實」，也就是針對實際情況或事實的判斷的層面。如〈心度〉謂「夫民之性，喜其亂，而不親其法」，句中不論「亂」還是「法」，皆屬較為抽象的社會事物，不經後天的學習接受，無從明白其涵義。此處「性」當通「情」，是就「民」之情實而言；至於是否屬於天生稟賦，則非其所重。又如〈難勢〉謂「人之情

9　參見林義正：《先秦法家人性論之研究》。

性，賢者寡而不肖者眾」，其句情、性連用，文義亦傾向於情實，即強調「賢者寡而不肖者眾」處於事實判斷的層面，而「賢」「不肖」是否屬於天生稟賦，亦非其文所關注。也就是說，今本《韓非子》書中，「性」字並非皆言天生稟賦；而書中言天生之人性處，又未必出現「性」字。這是《韓非子》人性觀的顯著特點之一。

另一顯著的特點，是天生人性為全體人類所普遍具有的共性。亦即如前引「夫智，性也」之內容，是針對全人類而言；也就是天生即具備智力，在其派看來對一切人來說都是成立的。相比之下，「情實」層面卻未必具備此種特點。如前引「夫民之性，喜其亂，而不親其法」一例中，明確將情實之性的成立，限定在民萌眾庶之「民」上，而非人類全體：對於《韓非子》所謂的「法術之士」與此相反的傾向，其書已反覆強調。這一特點的背後，蓋作為人類「天生稟賦」的「性」成為彼時的流行話題。今天看來，這表徵著春秋戰國時代知識界「人類普遍認同」觀念的興起——無論身處其中的諸子可否自覺意識到它。天生之性議題所討論的，已非某一特定個人、家族、地域、職業抑或社會階層等某些狹隘領域的性質特徵，而是人類作為一物種而言，所共有的稟賦——亦即《荀子・榮辱》所謂「凡人有所一同」的部分。自孔子「性近習遠」（《論語・陽貨》）、告子、世碩、宓子賤、漆雕開、公孫尼子[10]、子思、孟子、荀子而至韓非子，雖所倡觀點有異，卻皆有循此而言者。與此種共性正相對立的，是一部分人（如特定群體、職業、社會階層等）的特殊行為：特定社會階層或群體，若較之其他階層展現出某種獨特性，自應審視其後天如生存、教育環境等特殊積習；而這些後天的不同之處，又正是討論天生人性所刻意排除的東西。

根據上述特徵，性惡說與自然人性說所共同面臨的問題，是前引

---

10 參見《孟子・告子》；《論衡・本性》。

〈六反〉、〈外儲說右上〉與〈備內〉等篇所羅列的各類「趨避自為」的現象，是否處於天生之性的領域。

〈解老〉云：「聰明睿智，天也；動靜思慮，人也。人也者，乘於天明以視，寄於天聰以聽，託於天智以思慮；故視強則目不明，聽甚則耳不聰，思慮過度則智識亂。」其文指出感官（視覺、聽覺等）與心智（思慮能力）為人的天生稟賦，而非後天的訓練；如何在後天的具體情勢中運用這些稟賦，作出具體的抉擇行動，卻屬於後天人為。換言之，後天的行為中可能會有先天稟賦在起作用，但我們卻不能將此類同時摻雜著先天因素與後天因素的綜合行為，不加分辨地作為天生稟賦單方面的表現來討論。——這好比說，我們可以認為說話（語言）的能力是人類的一種天生稟賦，卻不能依據有人憑此能力而熟練掌握法語，即言「說法語」是人類的天生稟賦。這是因為其中除去先天的語言能力外，還摻入了「選擇和研習法語」這樣的後天因素。[11]同理，我們可以說人類天生即有思慮權衡的能力，卻不能說運用此種能力從事賣庸播耕、殘害嬰兒等權衡抉擇，是屬於天生稟賦的範圍。事實上，這些事例絕非那種單方面涉及天生稟賦的抉擇行動。涉事人所面對的後天情勢，以及他們後天接受的知識與價值，也都對這些行為施加著決定性的影響：前引〈六反〉等所列各類趨避、自為甚或慘刻的事例，不同程度上反映出特殊的涉事人生存資源的匱乏，抑或對此種匱乏狀態懷有深刻恐懼等後天境遇。因此，這些行為即屬兼具先天因素與後天因素的綜合行為，並非純粹而始終如一地取決於其中的先天因素、全然無關乎其中的後天因素，因而無法直接用作討論天生之性的有效證據。

更何況這些被引用的事例所涉及的各種趨於物質利益的行為，無

---

11 這一觀點是與北京師範大學王楷先生閒談中獲得的啟發，謹致感激之忱！

法構成全人類普遍的、必然的行為模式。[12]譬如被《韓非子》反覆提
及之「不令之民」,「見利不喜,上雖厚賞無以勸之,臨難不恐,上雖
嚴刑無以威之」(《韓非子・說疑》),以及自我標榜為「利民萌、便眾
庶」(《韓非子・問田》)的目的而能不計個人得失,甚至「不避刀鋸
之誅」的「法術之士」,其行為舉措與前述趨利自為的事例相差殊
遠,成為對物質利益的貪戀無法普遍適用《韓非子》一書的明
證。——退一步說,即使硬將這些事例置諸廣義的「趨避自為」的語
境中,迫使「趨利避害」成為於一切人普遍適用的行為模式,仍舊無
法自圓其說:如若認為對上述不令之民而言,名節或價值觀才最有價
值,是所「趨」之「利」,則「趨利避害」之所謂「利害」即超越物
質層面,變得多元起來;不同人士,對利害為何的認識可有不同。那
麼請問對《韓非子》作者而言,此種不同終究是人類後天接受的因
素,是先天稟賦,還是二者的綜合呢?於是問題又回到前述「綜合行
為」的領域:《韓非子》作者是承認後天因素對人們辨識利害為何的
塑造作用的。換言之,後天培養在辨識利害的行為中即使並非唯一決
定因素,亦屬一種在該領域無法排除的,能夠有效扭轉受眾辨識結果
的決定力量。其書多強調以重法的趨避價值觀教化民眾,如「明主之
國,無書簡之文,以法為教;無先王之語,以吏為師」(〈五蠹〉)
等,用意即在價值觀的後天培養層面,塑造受眾的選擇取捨,對抗各
類「不令之民」、「儒墨之學」所帶來的社會影響。——此類現實主張
成立的前提條件,即人類的利害辨識能夠視後天培育而轉變。

---

12 這一觀點前賢亦多有涉及。例如曹謙先生稱「韓非論人性的利己……有以『特殊』
概括『一般』之弊」;高柏園先生稱「絕大多數並不等於全部」,韓非此種所謂的
「人性說」「便有以偏概全的越位」;姚蒸民先生亦稱韓非一派「據此推斷人生一切
行為,皆出於利己之動機,亦即挾自為心以為用之表現,至於人類間之同情心等,
則絕不承認」。參見曹謙:《韓非法治論》,頁35;高柏園:《韓非哲學研究》,頁
71;姚蒸民:《韓非子通論》,頁127。

綜上，《韓非子》中賣庸播耕、骨肉相殘等各類趨避抉擇摻雜著後天的成分，因而無法直接作為確定韓非子天生人性的依據。未能細緻分辨此類論據，原是性惡說所面臨的最大難點；主張自然人性說的諸多前賢，注重於《韓非子》對上述趨利避害的具體現象如何予以價值判斷的同時，對這一點整體上予以忽視，一如傾向性惡說的學者。[13]

第二節　「性智」與「性善」

那麼，何者才屬於《韓非子》所謂天生人性？

首先，性智說是一種較為穩妥的觀點。〈顯學〉云：「夫智，性也；壽，命也；性命者，非所學於人也」；引文明確「智」為人類天生之性，有若前述。前引「聰明睿智，天也」；亦言耳目官能與心思智慮是天生稟賦。所以對《韓非子》而言，主張智慮為天生稟賦的「性智」說，具備明確的文獻依據。[14]性智說在倫理的角度上，與前賢「自然人性說」同屬「中性」的、「非道德」（amoral）的。因為脫離或排除了具體情勢的「智」，一如《聖經・馬太福音》V.45所蘊含的「普遍的天賦」（common grace；又譯為「普遍恩惠」）[15]那般，不含有固定的倫理內容，為善人與惡人所同時具備。《韓非子》書中民萌眾庶權衡利益得失、爭奪資源或權勢，名節之士捍衛名譽或價值

---

13 如張申先生一定程度上涉及到《韓非子》中趨避自為的事例的複雜性（如其文云「對於『欲人夭死』的『匠人』，我們說他人性惡，似乎可以；對於『欲人之富貴』的『輿人』，能否說他人性善呢？顯然是不可以的。說他人性惡呢，當然就更不妥。其實韓非說得很清楚：『非輿人仁而匠人賊也』。他是把性善和性惡全否了……」等），卻仍將韓非子人性觀的探究視野集中於「好利惡害」的事例，未能提及超越此類事例的情況。參見張申《韓非是性惡論者嗎？》。

14 李增先生曾提出「韓非子……提出『智識』之聰明睿智是天生即有，為人之最重要本質者也。」見李增：《先秦法家哲學思想：先秦法家法理、政治、哲學》，頁179。

15 參見《聖經・馬太福音》；原文是「因為神叫日頭照好人，也照歹人；降雨給義人，也給不義的人。」

觀，以及聖王為人民興利除害等人類一切抉擇行動，率皆屬於「智」在後天行為中的具體運用。

　　次之，「性善」說可否成立，則需分情況討論。[16]此處所謂「善」，是指「正面」（moral）的倫理內容，而未必如思孟學派所言之「善」那般，要將「仁」、「義」、「禮」、「智」全部囊括；[17]「性善」也就是天生稟賦中含有此種固定的、正面的倫理內容。那麼，今本《韓非子》中可否具備此類內容？答案應是肯定的。〈外儲說左下〉文中有「天性仁心」一詞，然該詞出自所羅列之故事人物蹏危之口，並無進一步的解釋，故無法單獨作為《韓非子》作者主張性善的有效證據。然在解釋《老子》的形式下闡發治身治國主張的〈解老〉篇中，情形則有不同。其文云：

> 德者，內也。得者，外也。「上德不德」，言其神不淫於外也。神不淫於外則身全。身全之謂德。德者，得身也……
> 仁者，謂其中心欣然愛人也；其喜人之有福，而惡人之有禍也；生心之所不能已也，非求其報也……義者，君臣上下之事，父子貴賤之差也，知交朋友之接也，親疏內外之分也。臣事君宜，下懷上宜，子事父宜，眾敬貴宜，

16　本節討論「性善」的內容，拙文〈被忽視的性善說〉亦有提及；參見〈被忽視的性善說：韓非子‧解老篇人性觀探微〉，《天津社會科學》2019年第1期，頁156-160。〈被忽視的性善說〉一文，對「仁」與「德」、「道」之間關係的討論，本節不再展開。

17　郭店竹書《五行》言及仁義禮智四者，並稱「四行和謂之善」；《孟子‧告子上》亦稱「惻隱之心，人皆有之；羞惡之心，人皆有之；恭敬之心，人皆有之；是非之心，人皆有之。惻隱之心，仁也；羞惡之心，義也；恭敬之心，禮也；是非之心，智也。仁義禮智，非由外鑠我也，我固有之也」；郭店竹書與今本《孟子》的性善說，細節不盡相同，然在主張天生稟賦中含有固定的倫理內容上，則保持著高度的一致。

宜，知交友朋之相助也宜，親者內而疏者外宜。義者，謂其宜
也，宜而為之……

禮者，所以情貌也，群義之文章也，君臣父子之交也，貴賤賢
不肖之所以別也。中心懷而不諭，故疾趨卑拜而明之；實心愛
而不知，故好言繁辭以信之。禮者，外節之所以諭內也……

道有積，而積有功；德者，道之功。功有實，而實有光；仁
者，德之光。光有澤而澤有事；義者，仁之事也。事有禮而禮
有文；禮者，義之文也。故曰：「失道而後失德，失德而後失
仁，失仁而後失義，失義而後失禮。」

引文先是針對「德」、「仁」、「義」、「禮」分別予以解釋：「德」表示
身體的健全、「仁」表示對他人不求回報的善意、「義」是指對待各類
人士允當與否的標準、「禮」則為「義」的具體外在表現。引文進而
論及此「德」、「仁」、「義」、「禮」間的關係：前者是後者的必要條件
或內在依據（「失德而後失仁，失仁而後失義，失義而後失禮」），後
者是前者的外在表現（「仁者，德之光」；「義者，仁之事」；「禮者，
義之文」）。亦即「仁」作為對他人不求回報的愛，不僅具備固定的倫
理內容，且構成「義」、「禮」（亦即判斷人類行為是非對錯的標準）
的依據。而「仁」又以「德」（亦即人類健全的身體）為來源。這就
是說，判斷人類行為是非對錯的倫理標準乃生發於人的自身，「非由
外鑠我也，我固有之也」（《孟子‧告子上》）。那麼，按照〈解老〉文
義，健全的人身又由何而來？答曰：只能是作為自然規則的「道」之
產物（「德者，道之功」）：文中所謂身體的健全，是指自然身體的層
面而言；人類僅能通過「緣道理」即遵循自然規則的途徑來保持自然
身體的健全，而無法另起爐灶，完全依賴後天人為因素將它重新創造
出來。[18]換言之，固定且正面的倫理內容，本為人類健全的身體所帶

---

18 也就是其篇所謂「夫能……保其身者，必且體道」。與此同時，〈解老〉篇亦強調

有；而健全的人體是自然力量所致，為人類的自然屬性——也就是天生稟賦。這是前引〈解老〉文本含有性善說的第一項證據。

引文「仁者……生心之所不能已也，非求其報也」，針對「生心」，後文釋云「天生也者，生心也」，明確將「仁」歸為「天生」且無法消除的稟賦的層面。這是其篇傾向於性善的第二項證據。

對於此處「生心」一詞，前賢亦有釋作「性」的觀點。如太田方釋「生心之所不能已」稱：「生心，猶云『性』也。於文生心為性，天命之謂性。人之於仁心，猶天之於元氣也，出於自然，而所不能已也……」；言「生心」為「性」，亦即人的自然性質，與前述「自然屬性」相印證。[19] 高亨釋「天生也者，生心也」稱：「『生心』當為『性』字之偽。蓋『性』古有作『忠』者，若『慚』之作『憗』，轉寫誤延為『生心』耳。天生也者性也，與《中庸》『天命之謂性』，《孟子》『生之謂性』，《荀子》『性者天之就也』皆同意。性誤為『生心』，則不可通矣。」[20] 鄙意高先生所言應是一種可能：後世以「忄」為部首的文字，三晉文字將「心」部置於文字底部（如「快」作「𢖫」；「惛」作「𢜯」），是頗為普遍的現象。[21] 另一種可能，則是「生心」為兩個字，「生」解為「性」，「生心」為「性、心」，即（天生之）身心（肉體、精神）之意；如上海博物館藏竹書《性情論》云「凡人唯（雖）又（有）生心亡（無）正（定）志」；郭店竹

「眾人」因違背自然規則（「異道理而妄舉動」）而處於「失德而後失仁」的狀態，只有少數的「聖人」，能夠在後天保有「德」，從而能以博大的仁慈態度，對待萬事萬物（「聖人之於萬事也，盡如慈母之為弱子慮也」）。又，本書第五章，第二節亦有及此問題。

19　太田方：《韓非子翼毳・解老》，嚴靈峰編：《無求備齋韓非子集成》影印日本大正六年東京富山房排印本。

20　高亨：《諸子新箋・韓非子新箋・解老》，嚴靈峰編：《無求備齋韓非子集成》影印1961年排印本。

21　可參見湯志彪編：《三晉文字編》（北京：作家出版社，2013年），「心」部各條目。

書《性自命出》亦云「凡人唯（雖）又眚（性）心亡奠志」。此二處皆「生」（眚）、「心」先後出現，前賢今人多訓「生」為「性」。[22]〈解老〉此處不論「生心」是「恚」還是「性、心」，皆確定無疑地處於「天生稟賦」層面之內（「天生也者，生心也」）。這是在前賢釋義與相似文獻的角度上，有利於證明其篇傾向性善說的觀點。

故〈解老〉之主性善，是可說的。其篇不但認為天生稟賦中含有固定的倫理內容——「仁」，且認為此種倫理內容是人類社會各類是非評判標準的基礎。[23]進言之，若僅就目前文本統屬狀況而言，稱今存本《韓非子》持有性善說的觀點也是成立的：除某些節本外，今存《韓非子》各主要版本，如述古堂影宋乾道本、《道藏》本、趙用賢本以及日本天明七年尾張國《韓非子治要》本等，皆收有〈解老〉篇。若就韓非學派而言，「性善」說的成立乃是一種可能。考慮到〈解老〉篇在作者學派的歸屬上，學界仍有疑慮[24]的狀況，若將來我

---

22 馬承源主編：《上海博物館藏戰國楚竹書》第一冊（上海：上海古籍出版社，2001年），頁71；武漢大學簡帛研究中心、荊門市博物館編著：《楚地出土戰國簡冊合集》第一冊（北京：文物出版社，2011年），頁99，「性自命出」圖版1。

23 又，若孤立解釋「仁」、「義」、「禮」，仍有可能被視作對概念的客觀介紹，而非為〈解老〉作者所認同。然而此一「仁」又是後天行為「慈」的基礎，促成了〈解老〉篇以仁慈對待周親人，旁人以至萬事萬物的觀點。參見本書第五章，第二節、第三節。

24 前賢多將〈解老〉作者的學派歸屬，納入對其篇「真偽」的討論。可參見容肇祖：《韓非子考證》（上海：商務印書館，1936年），頁39-43；郭沫若：《十批判書》，頁157；陳啓天：《增訂韓非子校釋》，頁721；蔣伯潛：《諸子通考》（上海：上海古籍出版社，2013年），頁352；潘重規：〈韓非著述考〉，香港大學中文系編：《香港大學五十周年紀念論文集》第二冊（香港：香港大學中文系排印，1966年），頁85-108；鄭良樹：《韓非之著述及思想》，頁196-244；Sarah A. Queen, "Han Feizi and the Old Master: A Comparative Analysis and Translation of Han Feizi Chapter 20, 'Jie Lao,' and hapter 21, 'Yu Lao'." 等等。另外，前賢討論《韓非子》篇章「真偽」之標準，往往為「是否為韓非本人所作」。針對這一點，章學誠先生、呂思勉先生等前賢基於先秦尚未出現將著作權精確到個人的意識，以及我們現有證據的不充分，提示治先秦諸子可分家而難分人；參見章學誠《文史通義‧言公》；呂思勉：《學史門徑詳說》（北京：東方出版社，2018年），頁58-60。

們有充足的證據，證明其篇確非韓非學派作品，則此「性善」說不必韓非學派所持。若情形相反，有充足的證據證明其篇確屬其學派作品，則又需分情況來判斷：若該篇為其派試圖還原《老子》思想的作品，則此「性善」說亦不必韓非學派所持；若該篇為其派借《老子》闡發己意的作品，則可認為其派持有性善說的觀點。

　　再次，《韓非子》亦提到人類某些具體的稟性，例如《觀行》篇所謂氣性的緩急等。蓋作者寫作目的緣故，並未對它們展開分析討論。[25]

＊　　　＊　　　＊

　　綜上，《韓非子》在人性觀問題上隻言片語，為後人帶來了探究上的難度。傾向「性惡」的學者援引〈六反〉〈外儲說右上〉與〈備內〉等篇所羅列之各類趨避自為甚或慘刻極端的現象，認為《韓非子》抱持一種「惡」的、不道德的（immoral）人性；贊同「自然人性」的學者則基於那些同樣的事例，強調《韓非子》全書皆未予以明確的是非善惡之評判。鄙意對今本《韓非子》而言，此類事例不僅未獲得始終如一的價值判斷，且未能普遍成立於人類全體；更為重要的是，它們無法直接用來論證《韓非子》所謂「非所學於人」的天生人性。這不僅是因為今本《韓非子》中從未明確借助這些行為來討論人類的天生稟賦，更因為它們本身就並非天生稟賦的純然表現，而是天生稟賦與後天因素兼具作用的綜合行為。

25　〈觀行〉云：「古之人目短於自見，故以鏡觀面；智短於自知，故以道正已。故鏡無見疵之罪，道無明過之惡。目失鏡，則無以正鬚眉；身失道，則無以知迷惑。西門豹之性急，故佩韋以緩已；董安於之心緩，故佩弦以自急。故以有餘補不足，以長續短，之謂明主。」文中提到與柏拉圖所謂「血氣之性」（Politeia，439d-e）相似的、因人而異的氣秉之性，與〈顯學〉「夫智，性也」近似；此類「性」若可以作後天矯正，卻與〈顯學〉「非所學於人」相抵。或對韓非學派而言，有可後天矯正之性，有不可矯正之性歟？

　　天生稟賦的層面上，〈顯學〉與〈解老〉提到了「智」，〈外儲說左下〉與〈解老〉提到了「仁」。我們可依據前者提出一種不涉及善惡的「性智說」，依據後者提出一種主張人類天生稟賦中含有固定倫理內容的「性善說」。只是〈外儲說左下〉所謂「天性仁心」僅為事例中的人物言論，作者未予以進一步的確認；針對〈解老〉篇作者可否歸屬韓非學派，學界亦存爭議；且到目前為止，因為證據的不足，我們對此尚無法獲得確切的結論。這些因素使我們在肯定今本《韓非子》存在「性善」說的同時，亦不得不謹慎地將「性善」說作為一種對韓非學派來說可能成立的觀點。

第五章　德

　　今本《韓非子》中，「德」累計出現了一一五次。其中〈解老〉出現四十六次，〈二柄〉出現十一次，〈外儲說右上〉出現六次，〈外儲說左下〉出現五次，〈喻老〉出現四次，〈十過〉、〈用人〉與〈難一〉各出現三次，〈揚榷〉、〈八奸〉、〈安危〉、〈內儲說下六微〉、〈外儲說右下〉、〈難三〉、〈難四〉、〈詭使〉、〈八說〉、〈五蠹〉與〈顯學〉各出現二次，〈主道〉、〈說難〉、〈奸劫弒臣〉、〈備內〉、〈說林上〉、〈說林下〉、〈守道〉、〈功名〉、〈大體〉、〈說疑〉、〈八經〉與〈忠孝〉各出現一次。上述篇目針對「德」的涵義，有予以明確解釋的；如〈二柄〉云：「二柄者，刑德也。何謂刑德？曰：殺戮之謂刑，慶賞之謂德」；其文明確將「德」釋作「慶賞」，與「刑」相對。有未明確解釋，讀者卻可依據其語境推測其涵義的，如〈外儲說右上〉云：「齊景公……發稟粟以賦眾貧，散府餘財以賜孤寡，倉無陳粟，府無餘財，宮婦不御者出嫁之，七十受祿米，鬻德惠施於民也，已與二弟爭民。」此處「德」字，應表示體恤、施以恩惠之義。有未予充分的解釋，亦無法依據語境確定其涵義的，如〈揚榷〉云：「道者，弘大而無形；德者，覈理而普至。至於群生，斟酌用之，萬物皆盛，而不與其寧。道者，下周於事，因稽而命，與時生死。參名異事，通一同情。故曰：道不同於萬物，德不同於陰陽……」引文僅提供了「德」的一些屬性，如「覈理」、「普至」以及「不同於陰陽」等；我們卻無法僅憑這些屬性來確定它的精確意涵，只好按照胡適之先生「有幾分

證據，說幾分話」[1]的原則，暫以存疑。我們由此亦可發現「德」的涵義視其篇目而頗有不同的狀況。此種狀況之下，那些逕以某篇的用例探求或證明「德」在他篇中涵義的做法，或欠嚴謹。

〈解老〉篇的情況則稍有特殊。其篇非但賦予「德」獨特的解釋，且以「德」為綫索，在解釋《老子》的形式之下，提出治身、治家、治國以及治天下的系列主張。這些觀點較之《老子》其他注釋文獻，同屬黃老思想脈絡的文本以及《韓非子》其他篇目，皆顯現出不同程度的獨特性。這或許是學界對其篇保持長久興趣的一項理由，亦是本部分專門選擇〈解老〉篇所謂之「德」展開討論的理由。[2]

第一節　「身全之謂德」

〈解老〉文云：

> 德者，內也；得者，外也。「上德不德」，言其神不淫於外也。神不淫於外，則身全。身全之謂德。德者，得身也。凡德者，以無為集，以無欲成，以不思安，以不用固。為之欲之，則德無舍；德無舍，則不全；用之思之，則不固；不固則無功；無功則生於德。德則無德，不德則有德。故曰：上德不德，是以有德。

針對其中「德」的釋義，前賢的主要觀點有如許五類：

其一，「正面的倫理內容」說。如王世琯稱：「『德』是『內』，是

---

1 羅爾綱：《師門五年記‧胡適瑣記（增補本）》（北京：生活‧讀書‧新知三聯書店，1998年），頁47。

2 本章正文部分曾以論文形式發表於《南開學報》2020年第3期，頁150-156。原題為「《韓非子‧解老》德論錐指」。

『精』；『得』是『外』，是『身』」；又稱「韓非子所謂德，不是儒家的德，他乃是說倫理的正義」。[3]王先生此說未有詳細論證。蓋其依據〈解老〉後文有關德與仁、義、禮三者的關係而發。其云「功有實，而實有光；仁者，德之光。光有澤而澤有事；義者，仁之事也。事有禮而禮有文；禮者，義之文也。故曰：『失道而後失德，失德而後失仁，失仁而後失義，失義而後失禮。』」引文言德、仁、義、禮四者，前者為後者的必要條件。[4]若仁、義、禮為倫理的評價標準，則作為其必要條件的「德」，似可表示「倫理的正義」歟？[5]朱伯崑將「德」理解為「德行」、「內心的品質」以及「道德品質」；並將其與韓非「去私心，行公義」相聯繫，認為「德的特點是不受名利的驅使」，「不受外物的誘惑」；亦即「以無私作為德的本質」。[6]李增釋其為「人為倫理道德修養」、「精神修養之境界」，[7]亦指向倫理上的積極層面。

其二，「人性以內的東西」說。如梁啟雄稱「德是人性以內的東西。得是從外界得來的東西」；「德」於是與「人性」發生關聯。[8]

其三，「精氣／精神」說。如馮友蘭稱「韓非認為『德』是人所有的精氣，『得』是人對於外界的欲求」。其云「神」是「精」的別名，按照早期道家的說法，人所得的精氣就是他的「德」。這些精氣，應該加以保持，不能讓它跑出來。……他對於這些精氣必須不過

3　王世琯：《韓非子研究》，嚴靈峰編：《無求備齋韓非子集成》影印1928年上海商務印書館排印本，頁15。

4　本書第四章，第二節亦有論及此問題。

5　王世琯稱：「《韓非子》也為了要以道家的學說來證明自己的立論的關係，有的地方他也稍稍改變了他對於性惡說的觀點。」然而哪些地方，卻未明言。見王世琯：《韓非子研究》，頁17。

6　朱伯崑：《先秦倫理學概論》，頁278-281。

7　李增：《先秦法家哲學思想：先秦法家法理、政治、哲學》，頁100-101。

8　梁啟雄：《韓子淺解》，嚴靈峰編：《無求備齋韓非子集成》影印1960年排印本，頁138。

多使用，這些精氣才能固定下來。[9]其以「精氣」釋「德」，言「精」
與「神」通，人類健康狀態，即為對精氣的保持。水渭松亦稱〈解
老〉「將『上德』、『有德』之『德』視為一種特殊物質，並且認為他
有賴於內養固守而充盈，因務外而喪失」。[10]王曉波亦有相近的看法，
其同意「以人自身而論，『德』就是精氣」，同時認為「不見得所有的
事物都是『積精為德』；所以，韓非〈解老〉還說：『家以資材為德，
鄉國天下皆以民為德。』」[11]

其四，「力量」（potency）說。如桂思卓（Sarah A. Queen）稱：
「『德』的培養是一種內在的力量（inner potency），仁、義、禮都是
聖人不可或缺的美德（virtues），而聖人又是這些美德的最高級形式
的體現者。」只是此處「potency」的意義，是傾向於「力」（force 或
power）的意義，是傾向於「潛能」的意義，抑或傾向於「天生的稟
賦」的意義，桂教授沒有更為詳細的說明。[12]

其五，「慶賞」說。如陳奇猷二〇〇〇年出版的《韓非子新校
注》中，以〈二柄〉篇所謂「殺戮之謂刑，慶賞之謂德」的「刑德」

9　馮友蘭：〈韓非〈解老〉〈喻老〉篇新釋〉，《北京大學學報》1961年第2期。

10　水渭松：〈韓非〈解老〉異解辨〉，《天津師範大學學報》1996年第6期。

11　王曉波：《道與法：法家思想和黃老哲學解析》（臺北：臺灣大學出版中心，2009
　　年），頁15。

12　"potency"源自拉丁語"potēns"，意為「（有）能力」。桂先生亦針對「修之於身，其
　　德乃真；修之於家，其德乃餘；修之於鄉，其德乃長；修之於邦，其德乃豐；修之
　　於天下，其德乃普」的解釋中，「德」仍被釋為"potency"。其原文作Taking a s its
　　point of departure the central theme of the citation, the cultivation of potency, the
　　commentary begins with the microcosm of the body and its ability to accumulate vital
　　essence as a means to generate "potency". In turn "the family accumulates possessions
　　and property to become potent and the village, state, and work rely on their people to
　　become potent." But all things revert back to the regulation of the self, as the commentary
　　explains "if you regulate yourself, external things cannot disturb your quintessential
　　sprit…" See Sarah A. Queen, "*Han Feizi* and the Old Master: A Comparative Analysis and
　　Translation of *Han Feizi* Chapter 20, 'Jie Lao', and Chapter 21, 'Yu Lao'," *Dao
　　Companion to the Philosophy of Han Fei,* Paul R. Goldin (Ed), pp. 213, 218.

之「德」釋此篇「德」字，於是「執慶賞者為君主，故德是內；得慶
賞者是臣民，故得是外」；「賞是君之德，但以功受賞則不感君之德，
故曰上德不德。〈有度〉篇云：『明主使其群臣不遊意於法之外』；遊
意於法之外是違法意向。意向遊於法之外，神自隨之，則神亦遊於法
之外。今者，以功受賞，無不勞而求得之意，故上德不德是神不淫於
外也」。[13]

　　其六，「本質屬性」說。如任繼愈稱「『德』是事物的內在的本
質」，因為「韓非論證說『身以積精為德，家以資財為德，鄉國天下皆
以民為德』。積精是身的根本，資財是家的根本，人民是國家根本」。[14]
周勳初亦稱「德：我國古代哲學概念，指事物的本質屬性」。[15]黃裕宜
亦認為：「『德者，內也。得者，外也』已經明確的定義德為『內在的
德性或本質』」。[16]

　　上述觀點中，「倫理的正義」說論證最為薄弱的環節，蓋仁、
義、禮能夠作為倫理的評價標準，它們的必要條件「德」卻未必也要
限於倫理層面。「精氣／精神」說的價值，在於看到「德」的保持有
賴於「精」的積聚；其難點在於「積精為德」是否意味著「精」即等
同於「德」：篇文云「精神亂則無德」，提及有「精」（亦即「精神
亂」是有「精」而非精氣／精神喪盡的狀態）與「無德」兩種狀態同
時成立的情況；故嚴格說來，「精」與「德」並不處於相等的地位。
「慶賞」說的難點，在於如何解釋「蚤服，是謂重積德」，「民蓄息而
畜積盛之謂有德」以及「精神不亂之謂有德」等諸多內容，也就是聖
人依據道理養身，人民休養蓄息，如何與君主的「慶賞」相融。「本
質屬性」之說所面臨的任務，是對何為「本質屬性」作出明確界定，

---

13 陳奇猷：《韓非子新校注》，頁370-371。
14 任繼愈：《中國哲學史》第一冊（北京：人民出版社，2010年），頁267。
15 《韓非子》校注組編寫，周勳初修訂：《韓非子校注》，頁149。
16 黃裕宜：《〈韓非子〉的規範思想：以倫理、法律、邏輯為論》，頁57。

因為「本質」（essentia；或作 substantia）是一個義項較為複雜的詞彙，會帶來種種可能的理解。例如，若「本質屬性」意指構成某一類事物的判斷依據或必要條件（如使人類成為人類）的話，那麼篇文反覆提及的「無德」與「失德」，是否意指其主體「內在本質」或「本質屬性」的喪失？若如此，則「無德」的主體則因其本質屬性的喪失，而成為另一種類的存在，與〈解老〉文本矛盾：〈解老〉稱為「眾人」的一類人，因「用神也躁」、「不知足」而「失德」，以至「疾嬰內」、「禍薄外」，是否因其「失德」不再屬於人類，而成為另一物種？答案當為否定的。他們仍屬人類，仍需待以仁慈之心。「人性之內的東西」一說的未盡之處，則是對「人性」的界定：人性是否指向人類天生稟賦層面？若是，則與篇文「凡德者，以無為集，以無欲成，以不思安，以不用固」似有不一致：對篇文而言，「德」存在由後天的專門修行而維持的路徑。[17]若非，則亦需明確其涵義為何。

鄙意「德」字若回到其篇明確提出的「身全之謂德」上面，則上述未盡之處，皆可得以疏通。具言之，「德」既非「倫理的正義」，又非「精」的別名：就前者而言，身心[18]健全，才可能展現其「仁」心，故曰「功有實，而實有光；仁者，德之光」；身心不健全，則會喪失仁心，故曰「失德而後失仁」；身心健全是作為「倫理的正義」之仁、義、禮的必要條件，卻並不等同「倫理的正義」本身。就後者而言，「無德」並不意味著「精」的喪盡，而僅表示出於某種原因妨害了「精」的積聚，招致「身全」狀態的喪失；亦即「精」的積聚造就「德」，「精」本身卻不等同於「德」。同理，如若「身全之謂德」

---

17 〈解老〉：「凡德者……以不用固」內容蘊含的後天修行意義，中國政法大學王威威先生與筆者的面談中曾有提及。謹致謝忱！

18 身心也就是形體與心靈；篇文有「節」、「肢」、「竅」以及「神」、「意」、「精神」之分，而知「德」涵蓋身、心或形、神兩個方面；亦即司馬氏〈論六家要旨〉：「凡人所生者神也，所托者形也。」之「神形」。

能夠疏通全篇，則逕自以身心的健全釋義即可，不必求諸「人性」、「慶賞」、「本質屬性」等較為曲遠的路徑，以更為繁複，甚至〈解老〉作者所處時代尚未出現的思想來解釋它，引發更多的問題。

　　至於篇文「民蕃息而畜積盛謂有德」以及「身以積精為德，家以資財為德，鄉國天下皆以民為德」語，則可理解為修辭上的比擬：其將家、鄉、國與天下比作人的身心，此處所謂「德」，皆指其所形容之主體的健全狀態。

第二節　「身全之德」引發的緊張關係

〈解老〉云：

> 所以貴無為、無思為虛者，謂其意所無制也。夫無術者，故以無為、無思為虛也。夫故以無為、無思為虛者，其意常不忘虛，是制於為虛也。虛者，謂其意無所制也。今制於為虛，是不虛也。虛者之無為也，不以無為為有常。不以無為為有常，則虛；虛，由德盛；德盛之謂上德。故曰：「上德無為，而無不為也」。

引文以一個有趣的說法，強調德的保持在於「意無所制」，亦即心思不受任何事物羈絆的自由放任狀態。其中所謂「任何事物」，不僅涵蓋各類具體事物，即使抽象的事物——譬如引文所列舉的例子「虛」——亦在其範圍。這與篇文「神不淫於外，則身全」，「為之欲之，則德無舍，德無舍則不全；用之思之，則不固」等處相呼應，主張「意」若「制」於任何事物，都會造成精神「淫於外」；任何思慮行動，皆會導致精神外佚，招致失德之後果。在這種意義上，人類思慮行動的一生，也就成為一個「德」不斷喪失的過程。反而是剛剛出

生的「赤子」，因其思慮運動相對更少，而相對更為有德。[19]——針對此情勢，故篇文有「無為」、「無欲」、「不思」、「不用」的應對；亦即通過避免運用一切身心官能的方式，來積聚精神，維持德的存在。

然對〈解老〉作者而言，人可否真的保持「無為」、「無欲」、「不思」、「不用」，達到「意無所制」的狀態？

針對這一問題的回應，或應從「仁」說起。篇文看來，「仁」是「德」的外在表徵（「……而實有光，仁者德之光」），「德」是「仁」的內在條件（「失德而後失仁」），有如前述。有德之人，方可具有「仁」心，以善意對待外界。於是「仁」成為「慈」的基礎。〈解老〉云：

> 愛子者慈於子，重生者慈於身，貴功者慈於事。慈母之於弱子也，務致其福，則事除其禍；事除其禍，則思慮熟；思慮熟，則得事理；得事理，則必成功；必成功，則其行之也不疑；不疑之謂勇。聖人之於萬事也，盡如慈母之為弱子慮也，故見必行之道，則明，其從事亦不疑；不疑之謂勇。不疑生於慈，故曰：「慈，故能勇。」

我們由文中「慈母之於弱子也，務致其福，則事除其禍」與前文「仁者……其喜人之有福，而惡人之有禍也」的一致狀態，可知「慈」忠實貫徹了「仁」的內容，擴大了「仁」外延：「慈」所針對的對象，已不限於（「喜人」、「惡人」之）人類，而是由近及遠，從自身至

---

19 這恰與《老子》所言「含德之厚者，比於赤子。蜂蠆虺蛇弗螫，攫鳥猛獸弗扣，骨弱筋柔而捉固，未知牝牡之合（而）朘怒，精之至也」相符。此處所引老子版本，可參見《楚地出土戰國簡冊[十四種]》上冊（武漢：武漢大學出版社，2016年），頁180；楊丙安著，楊雯整理《老子古本合校》（北京：中華書局，2014年），頁240-242。

「弱子」，至「方圓」，「士吏」，「器械」（「慈於方圓者，不敢舍規
矩」；「故臨兵而慈於士吏則戰勝敵，慈於器械則城堅固」），終至「聖
人之於萬事也，盡如慈母之為弱子慮」。於是一個「德─仁─慈」的
結構呈現出來：越是有德之人，越是能以仁慈之態度對待外界事物，
故母慈於子，將慈於士吏，聖人慈於萬事萬物。然而恰是此一
「慈」，使人的思慮行動有所羈絆。人想要成功護佑其所「慈」之對
象，則需動用思慮行動，體認與之相關的「事理」（「事除其禍，則思
慮熟；思慮熟，則得事理；得事理，則必成功」）。有德之人因而無法
全然避免思慮行動，保持「無為」、「無欲」、「不思」、「不用」，達到
「意無所制」的境界。

這就是「德」引發的緊張關係：「仁」作為「德」的存在表徵，
促使有德之人以慈愛之心對待周圍事物，於是形成思慮行動上的羈
絆，使「意無所制」無從保持；若求達成「意無所制」的境界，而割
捨此類羈絆，則又與前述篇文所表達之愈是有德之人，愈是能以仁慈
之意對待外界事物的觀點相抵。

因為證據不足，〈解老〉作者是否認識到這一問題，今人尚無法
確切知悉。然其文開篇警告思慮行動的發起即導致「德無舍」，後文
卻明顯退卻，云：「適動靜之節，省思慮之費也」，「不極聰明之力，
不盡智識之任；苟極盡，則費神多；費神多，則盲聾、悖狂之禍至，
是以嗇之。嗇之者，愛其精神，嗇其智識也。」又云：「眾人之用神
也躁，躁則多費，多費之謂侈。聖人之用神也靜，靜則少費，少費之
謂嗇。」亦即思慮行動由質上之可否被發起，一變為耗費「多少」、
是否「極盡」等量上的討論。此蓋為應對上述緊張關係，又生出新的
矛盾。其篇再云：「知治人者，其思慮靜；知事天者，其孔竅虛。思
慮靜，故德不去；孔竅虛，則和氣日入」；「夫能令故德不去，新和氣
日至者，嗇服者也。故曰：『嗇服，是謂重積德』。」根據此一說法，
不僅「思慮靜」會保持既有之「德」，且「孔竅虛」更能令「新和氣

日至」，亦即精氣有了能夠散而復聚、去而復返的「可再生」屬性：
即使思慮運動造成神淫於外，亦可通過「孔竅虛」來修復。「德」的
保持與積聚，有了「嗇」術與新和氣的吸納兩種途徑。至此，上述緊
張關係中除「意無所制」的境界仍難以達成，「不思」、「不用」與靜
思嗇用依然參差有距之外，如「德」的維持等其他矛盾，已近消解。
不惟如此，篇文在論及更為概括的層面之時，又言「萬事必有弛
張」，有強調矛盾狀態在各類事物中的普遍存在之意。這或許是試圖
在更深的層次上，調和上述緊張關係。郭沫若所謂「不調和也就正成
為大調和」，亦可作為此處的注腳。[20]

第三節 「德」的探究價值

　　針對〈解老〉「德」論的探討有多方面的價值，卻尚未引起應有
的關注。請略言之。

　　首先，為探究〈解老〉政治思想的必要路徑。與《史記·孟子荀
卿列傳》中試圖以天地運勢提起統治者興趣，而向後者進言「仁義節
儉」的鄒衍頗為相似，〈解老〉作者試圖以養身之術引發統治者關
注，進而推出其政治主張。後人對其政治思想的深入理解，則須從其
治身之「德」論的探究開始：其作者用以遊說統治者的養身術，鼓吹
吝惜官能智慮，不但是對其縱情聲色（放縱耳目之欲；在彼一時代，
統治者此類欲望往往會加劇民眾的負擔）直白的規勸，更是對其苛察
臣民、事必躬親，支配行為不適宜地介入社會生活的各類具體層面，
表達著委婉的反對——「聖人」一如凡人，需要吝惜自身官能智慮，
須儘量避免親自介入具體事務，更不可浸淫其中，放縱自身的支配
欲，對內損耗精神，對外殘賊百姓。其篇又將仁、義等作為「德」的

外在表現，將統治者的身心健全與否，與其可否以仁慈的態度對待臣民二者，聯結為一個清晰而簡明的結構，步步為營地試圖說服統治者愛惜民眾，以仁慈的態度對待民眾。其文更進一步地明確如何以仁慈的態度對待民眾：要像吝惜自身官能智慮一樣吝惜民力（亦即前引「身以積精為德，家以資財為德，鄉國天下皆以民為德」），盡可能地避免民力的耗費，令民得以積聚財富（「民蕃息而畜積盛之謂有德」）。這些觀點使它成為早期黃老著作中主張虛靜無為、與民休息的重要作品。

　　其次，為討論〈解老〉與《韓非子》其他各篇關係，提供了重要依據。針對〈解老〉與《韓非子》其他篇目之關係，學界多有爭訟：不斷有學者對該篇是否為韓非或韓非學派作品提出懷疑，同時又有諸多前賢將其作為韓非子思想的「哲學基礎」。[21]在上述「德」論角度上，該篇於諸多層面，皆表現出有異《韓非子》其他篇目旨趣之處。譬如對官能思慮的吝惜，及其暗含的對君主介入具體事務的反感，與其他篇目反覆強調之人君須親自掌控具體權力（例如〈二柄〉以田常、子罕事例，強調君主須親自掌控刑德之權等）並不全然一致。又如，「德」論養身眉壽的宗旨，與〈顯學〉篇以為壽命無法受人掌控、養生之論實為狂語（「今或謂人曰：『使子必智而壽』，則世必以為狂。夫智，性也；壽，命也。性命者，非所學於人也……」）等指責正相衝突。更為重要的是，前述有德之「聖人」對萬事萬物所展現的博大仁慈，又與他篇反覆指摘仁慈迂曲有害，惟有威勢與嚴刑（如〈五蠹〉以「不才之子，父母怒之弗為改」事例，言「見愛而未必

---

21 前賢針對〈解老〉真偽的討論，本書第四章，注24有提及。試圖將〈解老〉思想融入韓非子思想結構的學者為數眾多，例如張純先生、王曉波先生針對〈解老〉道、德思想與《韓非子》其他篇目做比較研究，並將〈解老〉思想歸入「韓非思想的哲學基礎」；參見張純、王曉波：《韓非思想的歷史研究》，頁31-56。又如李增先生將〈解老〉道理論作為韓非子「哲學」思想之一部分；見李增：《先秦法家哲學思想：先秦法家法理、政治、哲學》，頁101。

治，雖厚愛矣，奚遽不亂」等），以及將人民視作達成政治目的之工具（如〈顯學〉謂「夫上陳良田大宅，設爵祿，所以易民死命也」；「索民之出死而重殉上事」等）方可致秩序與富強等鄙薄見解，更判若雲泥。由此，今本《韓非子》中，並非僅有單面向的「法勢術」結構；前述價值傾向上的歧出，正是前賢疑惑〈解老〉「真偽」的緣由。判斷〈解老〉學派歸屬等問題，自需各方面證據的充分；而上述差異，即可作為其中一類可供參考的證據。

再次，為深入考察中國古代身國治術思想的一個基礎環節。由治身而至治國、治天下的進路，是戰國秦漢時代的各類流行觀點樂於採用的。例如《荀子・君道》謂：「請問為國？曰：聞修身，未嘗聞為國也」；《呂氏春秋・季春紀・先己》謂：「凡事之本，必先治身」；《呂氏春秋・仲春紀・貴生》謂：「道之真以持身，其緒餘以為國家；其土苴以治天下。由此觀之，帝王之功，聖人之餘事也，非所以完身養生之道也」；《禮記・大學》謂：「自天子以至於庶人，壹是皆以修身為本。其本亂而末治者，否矣」等。此類思想不但成為後世某些探究身國治術的學說或流派之淵源，且對彼時及其後世諸多層面（如政治活動、制度建構、傳統醫術等），皆有不同程度的影響。這或是一個極具研討價值，而尚未獲得充分關注的研究領域：譬如就政治活動層面而言，這一類型之思想如何影響著秦代統治者，後者又以何種態度對待這一傳統；[22]就思想源流層面而言，其與漢前期所盛行的黃老思想，及其後的民間道術信仰的承變關係為何；等等。而此領

---

22 《史記・秦始皇本紀》所述盧生、侯生對於嬴政從治身到治天下的批評中，即有人主「恬淡」無為以治天下，不應浸淫於具體治理事物之旨，與此思路頗相近：「真人者，入水不濡，入火不蒸，陵雲氣，與天地久長；今上治天下，未能恬倓……」；「天下之事無小大皆決於上，上至以衡石量書，日夜有呈，不中呈不得休息。貪於權勢至如此，未可為求仙藥」。又，《史記・李斯列傳》所載嬴胡亥的言論中，亦提及治身為治天下的前提：「夫所謂賢人者，必能安天下而治萬民，今身且不能利，將惡能治天下哉？」

域研究的開展，或需以對先秦時期身國治術思想的深入考察為基礎；在這個脈絡上，〈解老〉「德」論作為此類思想重要組成部分，其研究價值同樣不容忽視。

　　〈解老〉「德」論的探究價值，自不止上述。本小節篇幅所限，掛一漏萬，謹祈諒解。

＊　　　＊　　　＊

　　綜上，鄙意〈解老〉「德」的涵義，應回到篇文所明示之「身全」上，表示身心的健全。其篇作者以「德」形容其他事物，皆可視作以人的身體相比擬。其篇先提出身心健全有賴於避免身心官能的動用，以及保持一種「意無所制」的超脫境界；而後又云「思慮靜」、「孔竅虛」即可減少思慮行動對形神的耗費，且汲取新的「和氣」，令「德」得以維持。此種質與量的不一致，蓋與篇文「德—仁—慈」的結構有關：這一結構主張「仁」是德的表徵；「仁」落實到具體行動上，則為「慈」；故有德之人將以慈愛態度待人接物。如此則有護佑其人其物的表現；其動機欲達成目的，則須體認與其人其物相關的「道理」；然而所慈愛的對象，與所須體認的「道理」，皆是心思與行動上的羈絆，使有德之人無從保持「意無所制」之狀態。

　　我們針對其篇「德」的探究或為《韓非子》研究提供一個較為新穎的考察路徑。在這一路徑之上，不論是今本《韓非子》，還是被後人歸為「道法家」、「道術家」或「黃老學派」的各種文獻，乃至於先秦時代身國治術的思想脈絡內，還有諸多尚未受到關注的問題，等待讀者的發掘。

第六章 道

　　考慮到今本《韓非子》中,〈解老〉篇中針對「道」的議論最為充分的情況,本章僅就〈解老〉篇「道」觀念作出討論。其餘各篇談及「道」者,留待筆者繼續探究。

第一節 前賢觀點

　　針對〈解老〉「道」的涵義,前賢有諸多觀點,[1]可約略分類如下:
實體／本體或「本原」類[2]。這多是將西方哲學觀念作為知識背景或觀察角度,側重在事物「實體」、「本體」或「本原」、「根源」上談論道之涵義的觀點。此類觀點又可細分為五種:一種是將道解為「實體」;如熊十力援引「道者萬物之所以成」、「理者成物之文」稱「文者,條理,言萬物以道而成」;又針對「道者,萬理之所稽」釋稱:「理雖分殊,而窮至於道即萬理合於一理(一理,謂道)」;「稽者合義,其說可謂上窮無極而下盡物曲者也」,因而「道即實體」。[3]第二種是將道解為「本體」;嚴靈峰引「道者萬物之所以成」、「盡稽萬物

1　二〇一九年初,詹康先生於信件中將尚未發表的大著《再探韓非道論》賜我學習。大著對前賢有關韓非子道論的研究,有極詳盡的搜集整理。本部分內容,多有依照詹先生大著所示線索發掘前賢觀點之處。謹致感激之忱!

2　「實體」、「本體」等觀念,涵義各有不同,但以其在前賢的解釋語境中有相近處(如皆是相對於「現象」而言的,等等)而暫置一處。

3　詳見熊十力:《韓非子評論與友人論張江陵》,頁44;其中「萬理合於一理」,當指萬理盡皆符合於道,道為理的某種抽象形式,與後文「萬理總括說」有不同。

之理」、「不得不化」等內容,稱:「道為萬物之母,乃客觀存在之本體。」[4]第三種是將道解為「本源」;如封思毅稱「道生萬物」,「萬物以道為本源」。[5]第四種為「氣」說:亦即將道解釋為與古代希臘哲人所謂原初物質(original substance)稍有接近的特定存在——「氣」。如陳麗桂謂「道」實則為「氣」。其文援引〈解老〉「天地之消散」以及「死生氣稟焉」之內容,認為天地萬物皆「是一種『氣稟』的過程」,「因而韓非本體論上的『道』,幾乎就等於『氣』」;再者,其篇「萬智斟酌焉」之說,言「『道』不但化育生命,決定禍福、成敗,也孕出智慧」,這一點與《管子・內業》《管子・白心》「一系以『道』為『神明之源』」的思想相一致。[6]第五種是「唯一的真宰」說,將道作為永恆不變的價值本體,如王元化稱援引〈解老〉「道者萬物之所然,萬理之所稽,……萬物之所以成」,稱道是永恆不變的萬物本體,「無待的絕對觀念」,韓非本體論中「唯一的真宰」。[7]

　　規範／規律類。這是一類將道解釋為規範、規律、規則、「紀綱」的觀點。如胡適之先生的「萬理之理」說:「理是條理文理,故說理是『成物之文』,即是每一物成形之後的條理特性」;「道是萬物之所以成」、「是一切理之理。這是一個極大的假設。」胡適先生所謂「理」,是「條理」之義,故與規範、法則置於一類。[8]王世琯以民事

4　嚴靈峰:《韓非子讀記・解老》,《無求備齋韓非子集成》影印1977年《諸子讀記》排印本。

5　封思毅:《韓非子思想散論》,頁89-90;Sarah A. Queen, "*Han Feizi and the Old Master: A Comparative Analysis and Translation of Han Feizi Chapter 20, 'Jie Lao', and Chapter 21, 'Yu Lao'," Dao Companion to the Philosophy of Han Fei,* Paul R. Goldin (Ed), p. 214.

6　陳麗桂:《戰國時期的黃老思想》(臺北:聯經出版事業公司,1991年),頁198-199。此外,與此類觀點稍有接近的,還有將道解釋為「基礎」性的存在。如高柏園先生謂道為「普遍而必然地為萬物之存在根據」、「是萬物的存有論基礎」;見高柏園:《韓非哲學研究》,頁26-27。

7　王元化:〈韓非論〉,《王元化集》,卷6,頁9-12。

8　胡適:《中國中古思想史長編》(上海:上海古籍出版社,2013年),頁97-98。

法律「所適用之習慣」，同時比喻道、理二者，認為道是一種「以變化為依據」的「規矩」。[9]曹謙稱「理出於道，法出於理」，將道理解為「法」與「理」的「本原」，又稱法、理、道「同為客觀的物準」，最終明確道的「物準」（規範、標準）性質。[10]陳奇猷所著《韓非子集釋》中，援引〈解老〉「道者萬物之所以成也」、「道者萬物之所然也」，稱「道既為萬物之所以成，萬物所然，故道可以紀綱萬物」，將「道」釋為「紀緒」、紀綱之義；訓理為「法紀」，於是道與理皆成規範性的存在；訓「萬物各異理而道盡稽萬物之理」之「稽」為「察」，提出「物各有理，理則有道，一物有一理，即有一道，萬物有萬理，即有萬道」。[11]梁啟雄面對「萬物各異理而道盡稽萬物之理」一句，訓「稽」為「合、當、同」，既認為道「是萬物自然演成的規律」，又言「萬物各有不同的理，道是集合萬物異理的總體，因此，萬物雖然各異理，但總合成『道』時，那個『道』就把一切理都包括完盡了」。在梁看來，道是理的總和，理又是萬物各自的特殊規律。[12]朱伯崑認為理是「萬物的外在差別」，是「具體事物的條理或規則」；

9　王世琯：《韓非子研究》，頁48-49。

10　曹謙：《韓非法治論》，頁62-64。

11　陳奇猷：《韓非子集釋》（上海：上海人民出版社，1958年），頁69、365-367；熊鐵基先生亦採陳說，見熊鐵基：〈讀韓非子〈解老〉和〈喻老〉〉，《政大中文學報》第8期（2007年12月），頁25。李澤厚先生亦有近似觀點，見李澤厚：《中國古代思想史論》（北京：人民出版社，1985年），頁100。

12　梁啟雄：《韓子淺解》，嚴靈峰編：《無求備齋韓非子集成》影印1960年排印本，頁157。吳則虞、侯外廬、趙紀彬、杜國庠、蕭萐父、李錦全、馮契、郭春蓮等諸位先生亦有此類觀點。見吳則虞：《韓非子譯注》，嚴靈峰編：《無求備齋韓非子集成》影印1962年排印本，頁474、508；侯外廬、趙紀彬、杜國庠：《中國思想通史》（北京：人民出版社，1967年），頁626；蕭萐父、李錦全主編：《中國哲學史》（北京：人民出版社，1982年），頁241-242；馮契：《中國古代哲學的邏輯發展》上冊（上海：上海人民出版社，1983年），頁325。郭春蓮：《韓非法律思想研究》（上海：上海人民出版社，2012年），頁118。張覺亦釋道為「天地萬物成為這個樣子的總規律」、「與各種事理相當的總法則」以及「萬物得以形成的普遍法則」，釋理為「構成具體事物的具體法則」。見張覺：《韓非子校疏析論》（北京：知識產權出版社，2018年），頁350-353。

道「是使萬物各有差別的根據」，是「規律自身」。[13]施覺懷將理釋為
「事物的外形和質地」等「具體屬性」；將「萬理之所稽」之「稽」
訓為「同」，釋為「共同依據」；主張道為「各種事物的規律的共同依
據」、「普遍規律」[14]。周熾成將道解為「使萬物得以如此存在、如此
變化的自然客觀總規律，是最普遍、最一般的規律」。[15]王曉波所著
《道與法：法家思想和黃老哲學解析》中，謂「『理』則是各種萬物
的規律，『道』又是萬理的普遍規律，即『萬理之所稽也』」；然「不
論是各種萬物的規律，還是『形而上』的萬理的普遍規律，『道』都
是不能離開有形的事物而存在的」。[16]洪巳軒則提出「『理』的抽象原
則」說，認為「〈解老〉所謂『理』則是有形之物的性質，或為政治
社會的行事法則」，「『道』在〈解老〉的脈絡中則是作為『理』的抽
象原則」；因而「《韓非子‧解老》篇『物』、『理』、『道』三者的關係
應為：凡有形之物必有其性質，而此各種性質是為『理』。凡有一理
則有一道，此『道』是為所對應之『理』的抽象原理。是而無物則無
理，無理亦無道；有物方有理，有理則有道；一物有多理，一理有一
道。」[17]王威威釋道為「天地萬物共同遵循的普遍規律或一般規律」。
[18]金春峰認為，「〈解老〉中，韓非以理性為基礎，將老子的『道』詮
釋為『理』──宇宙萬物的總規律、總原理」；「要掌握和控制
『物』，就要掌握支配它的『理』──規律、原理」；「『道』則是所有
『理』的總和和最高最後的根據和校正者、稽查者」。[19]此外，又有將

13 朱伯崑：《先秦倫理學概論》，頁278-279。

14 施覺懷：《韓非評傳》（南京：南京大學出版社，2001年），頁90-95。

15 載於馮達文、郭齊勇主編：《新編中國哲學史》，頁202。

16 王曉波：《道與法：法家思想和黃老哲學解析》，頁23。

17 洪巳軒：〈《韓非子‧解老》篇『物』『理』『道』三者的關係〉，《華岡哲學學報》第
2期（2010年6月），頁23-50。

18 王威威：《韓非思想研究：以黃老為本》（南京：南京大學出版社，2012年），頁
59。

19 金春峰：《先秦思想史論》，頁216。

「道」解釋為「規律性」的觀點，亦可暫置此類。如劉寶才認為〈解老〉所謂道，「不受具體事務存亡限制」，為「客觀世界的規律性」。[20]

　　「理」類。此類觀點強調「道」在性質上等同於「理」，而「理」又非嚴格意義上的規則、規律性質。其類又可分為兩說：一為「萬理」的總括說，主張道是一切理的「集合」、「總匯」或「總合」。如太田方《翼毳》針對「萬物各異理，而道盡稽萬物之理」釋云：「凡理者物物不同也。而道者總括合同萬物為一矣。後人認道以為理，遂謂萬物同一理，是混一道之於理，以為道即理、理即道，大失理字本義矣。譬猶射御之為藝也，各異其術矣，而俱通於聖人之道，則同也。萬物者，射御也。理者，術也。道者，包括射御之術而不相悖。凡百之物，異理一道，悉皆如是也。」釋文以射御作譬喻，將理比作具體的技藝，而道則總括、貫通一切具體技藝。[21]一為「理」說，將「道」與「理」相等同。如前引太田方所批評的「道即理、理即道」之說等。

　　治術／君術類。這是一類將道釋作統治者的治術（統治的原則、方法）的觀點。如呂振羽稱「韓非在〈解老〉、〈喻老〉兩篇中，把老聃的觀念論轉化為唯物論。在老聃理論體系中的『道』，是『玄之又玄』的東西，韓非卻把它解釋為帝王的『南面術』──『理』。」[22]陳奇猷所著《韓非子新校注》，釋「理」為「法紀」，因而「萬理之所稽」的道也只能是察核刑名的法治、君術層面的意義了。[23]馬耘將道作為統治者的「應世之方」、「統治者所主動擇取之作為，似為一因時

---

20 張豈之、方光華主編，劉寶才著：《中國思想學說史‧先秦卷》（桂林：廣西師範大學出版社，2007年），頁701。

21 太田方：《韓非子翼毳‧解老》，嚴靈峰編：《無求備齋韓非子集成》影印日本大正六年東京富山房排印本。林光華先生亦將〈解老〉之道解為「萬理的總匯」。見林光華：〈由「道」而「理」：從〈解老〉看韓非子與老子之異同〉，《人文雜誌》2014年第6期。

22 呂振羽：《中國政治思想史》，頁191-192。

23 陳奇猷：《韓非子新校注》，頁75，152-153。

地物而制宜、因利制權之靈活綱領性之原則」。[24]

聯合／綜合類；更多的觀點未局限於上述某一類型之中，而成為上述兩種或兩種以上觀點的聯合體或綜合體。此類觀點又可再行劃分，請例言之：

其一，本體／本原（包含根源/原初物質）類與規律類觀點的綜合。如馮友蘭主張道既是「氣」，又是「構成萬物的實體」，「一切客觀規律的根據的總規律，即最一般的規律」。前者是依據〈解老〉「天地之剖判」「天地之消散」之言，推測「在有天地以前就有一種東西；由這種東西『剖判』而為天地，天地在終結的時候，又『消散』為那種東西；那種東西能以『剖判』，可見它是物質性的實體；在當時的唯物主義思想中，這個實體就是『氣』。」後者則根據其篇「所謂『理』，就是事物所有的性質」，「就是『萬物之規矩』，也就是事物的規律」，道既為「萬理之所稽」，因而也就是「一切客觀規律的根據的總規律」。[25]周世輔對老子、韓非子學說中的道作概括性的評價，認為其兼具「宇宙的本體」與「宇宙的法則」兩方面的意義。[26]任繼愈主編的《中國哲學發展史·先秦》，釋「萬物之所然」為「宇宙萬物的本原」，釋「萬理之所稽」為「各種規律的體現」。[27]張純、王曉波所著《韓非思想的歷史研究》中，將道解為「自然物質的本體」以及「一切自然物質或人事社會規律的總匯之源」。[28]方立天的將「萬理之所稽」解為「萬理的總匯和」，認為道不僅是「使萬物條理化的東西」、是萬理的總概括，還是「自然界的總規律和總根源」。[29]馬序

---

24 馬耘：〈《韓非子·解老》等篇「道」概念辨析〉，《止善》2010年第9期。

25 馮友蘭：《三松堂全集·中國哲學史新編試稿》（北京：中華書局，2017年），頁625-629。

26 周世輔：《中國哲學史》（臺北：三民書局，1971年），頁173。

27 任繼愈主編：《中國哲學發展史·先秦》（北京：人民出版社，1983年），頁743-744。

28 張純、王曉波：《韓非思想的歷史研究》，頁40。

29 方立天：《中國古代哲學問題發展史》（北京：中華書局，1990年），頁657。

認為一切事物「的形體、性質及其運動規律，都是『得之』於道」；
道是宇宙萬物「統一的本原、本體」。[30]姜國柱亦認為道是無界限、
無形象的「宇宙本體」，又是「自然萬物存在、運行的總規律」。[31]孫
開太依據「道者，萬物之所然也」認為「道是萬物的總規律」，依據
「萬物之所成」認為「道是萬物的本原」，依據「理者，成物之文
也」認為理「大致相當具體事物的特殊規律」。[32]《韓非子校注》書
中，將「稽」解釋為「符合、匯合」之義，針對「道者，萬物之所然
也，萬理之所稽也」一句釋稱：「道是萬物形成那個樣子的東西，是
萬理的總匯合。韓非這樣解釋的道，有自然界的總根源和總法則的意
思」。[33]許建良認為道「是根基、宗本的意思」，「還是『是非』的綱
紀即標準」。[34]

　　其二，自然萬物總和說與萬理總括說的綜合。自然萬物總和說，
是指將道作「自然萬物的總和」或「萬物的總體」方面的理解。此類
綜合說，如劉殿爵提出，理「不僅被視為事物的特性，還被視為『成
物之文』」，「據此『理』的特性是『定』。白就是白，而非其他。這特
性讓『理』有效地使萬物可以被理解」。同時，「『道』是萬物的總
體，由於萬物恆常改變，『道』本身便要加以適應（『化』），以期涵蓋
萬物之『理』。因此『道』便『無常操』。另一方面，萬物的總體仍是
不改易的，所以『道』在作為總體這層意義上便是『常』的。」[35]

　　其三，自然萬物總和說與規律類觀點的結合。如任繼愈主編的

---

30 馬序：〈韓非之貴一賤多的世界觀〉，《哲學與文化》第18卷第7期（1991年7月），頁
　　617-633。

31 姜國柱：《中國歷代思想史・先秦卷》（北京：文津出版社，1993年），頁502-503。

32 何兆武等編：《中國思想發展史》，頁40。

33 《韓非子》校注組編寫，周勳初修訂：《韓非子校注》，頁163。

34 許建良：《先秦法家的道德世界》（北京：人民出版社，2012年），頁285。

35 《採擷英華》編輯委員會編：《採擷英華：劉殿爵教授論著中譯集》（香港：香港中
　　文大學出版社，2004年），頁306-307。

《中國哲學史》，解道為「自然界萬物的總和」、「自然界自身及其規律」，道「體現在自然界萬物之中」等。[36]

其四，本體類、治術類與規律類觀點的聯合。如谷方將道的涵義分為本體論、方法論、規律論三個角度。在本體論角度上，道是「精氣」；因為它同時滿足「不同於萬物」、「弘大而無形」、「充滿宇宙間的各個角落」、「柔而不剛」，因而「這種特殊的物質非精氣莫屬」；在方法論角度上，治術層面的「『用一之道』佔有重要地位」；在規律論角度上，道「還指事物的規律」，而此類規律，則又涵蓋了自然規律與（法術層面）社會規律。只是這三個角度的劃分，似非嚴格的相互排斥之關係。[37]

此外，仍有一些難於歸類的觀點。如李增將道解為「有」（being）與「物」，同時認為道是萬物的「本質因」、「構成因」、「動作因」、「形式因」[38]；等等。

第二節　「道」的兩種涵義

前賢對道的釋義觀點林立，蓋〈解老〉篇文的陳述不能始終如一所致。鄙意該篇至少存在兩種不同的『道』：「常道」與「非常道」。

「非常道」即「常道」界限之外的「道」，意指事物狀態背後的

---

36 任繼愈主編：《中國哲學史》第一冊（北京：人民出版社，1985年），頁258-259。同是由任先生主編，二〇一〇年出版之《中國哲學史》，卻認為道應視具體語境而涵義不同。如將「萬物之所然也」之「道」解為「自然界自身及其規律」；將「萬物之所然，萬理之所稽」之道解為「自然界的根本的總規律」，將理作「自然界萬物的特殊規律」理解。見任繼愈：《中國哲學史》第一冊（北京：人民出版社，2010年），頁265-267。

37 亦即規律論與方法論上，皆涉及到人類的行動原則。見谷方：《韓非與中國文化》，頁198-216。

38 李增：《先秦法家哲學思想：先秦法家法理、政治、哲學》，頁90-107。

理由。篇文在兩種不同的語境中，使用了道的此層涵義。一種語境為針對特定的問題。例如：

> 所謂「有國之母」，母者，道也；道也者，生於所以有國之術；所以有國之術，故謂之「有國之母」……

引文先以「道」釋「母」，謂道「生於所以有國之術」（據《說文・行部》「術，邑中道也」之說，「術」與「道」皆有途徑之義），後又解為「所以……之術」。雖有此歧異，然句中「道」指向事物某一特定狀態的成立途徑或理由，則是可說的。類似的用例，還有「全身長生之道」、「長生久視之道」等，言「全身長生」或「長生久視」的成立途徑或理由。[39]

　　此類道的共同特點，是針對特定的問題：如有國之道（「母」）針對「有國」，「全身長生之道」針對全身長生等。

　　另一種語境，是脫離「道」所針對的問題，在總體上來描述它。如：

> 道者，萬物之所然也，萬理之所稽也；……道者，萬物之所以成也；故曰「道，理之者也」……
> 萬物各異理，而道盡稽萬物之理，故不得不化；不得不化，故

---

39 道，本指道路，後引申為所由、來由、道理。此處解為「理由上的說明」，亦源自此類義項。《說文・辵部》：「道，所行道也……」段玉裁注曰：「《毛傳》每云行道也。道者，人所行，故亦謂之行。道之引申為道理。」桂馥引《漢書・董仲舒傳》「道者，所由（繇），適於治之路也。」朱駿聲訓曰：「……《莊子・漁父》『道者，萬物之所由也』；《禮記・禮器》『則禮不虛道』，注：猶『由』也，『從』也；……《禮記・學記》『道而弗牽』，注：道，示之以道途也……」等。參見段玉裁：《說文解字注》（上海：上海古籍出版社，1988年），頁75；桂馥：《說文解字義證》（北京：中華書局，1987年），頁162；朱駿聲：《說文通訓定聲》（北京：中華書局1984年）影印臨嘯閣刻本，頁269-270。

無常操。⋯⋯

引文明確指出，道總體而言是「萬物之所然」、「萬理之所稽」、「萬物之所以成」。何為「萬物之所然」、「萬物之所以成」？陳啟天《校釋》曰「所然，猶云所以然也。《墨子・經上》云『法，所若而然也。故，所得而後成也』。〈經說上〉云：『小故，有之不必然，無之必不然。大故，有之必然，無之必不然。』又〈小取〉云：『辯者，摹略萬物之然，論求群言之比』。按本篇所然之然字，與墨子所言者義同。」[40] 此釋義頗有見地：「所然」若按其字面意義，解釋為針對事物狀態的描述，則不僅該詞與「所以成」，因分別處於「狀態的描述」（descriptive interpretation）、「理由的說明」（rational interpretation）兩個不同的層次而相歧，且又與其篇後文道「不可得聞見」之特徵[41] 相衝突（萬物所呈現出的狀態，必有能夠「聞見」的部分）。據前文「所以有國之術」以及後文「天得之以高，地得之以藏」等句文義，此處的道，並不在「狀態的描述」的層次，而在「理由的說明」的層次；它所要解決的不是「是什麼」的問題，而是「何以如此」的問題：若非如此，則只需知悉有國或失國，以及天高、地藏即可，不需再問何以有國，何以天高地藏等。故而，道應處於「所以然」、「所以成」層面，泛指萬事萬物如此或如彼的各種成立途徑，或「理由的說明」。

此種對道予以總體描述的方法，因脫離道所針對的問題而更能彰顯它的某些屬性、特徵（如「萬理之所稽」、「萬物之所以成」等）。然一旦需要舉例作證，道則立即回到針對具體問題的層面：如後文「天得之以高，地得之以藏」等皆是如此。這一方面意味著道在實際

---

40 陳啟天：《增訂韓非子校釋》，頁749。

41 後文將有討論。

的、有效的運用中，必無法脫離特定問題而存在：只有針對特定問題而言的道，才能成功擔當某事物、某狀態之「理由的說明」。由此，將道解為萬理總括、萬物的總和以及「道全物偏」[42]等類型的觀點，蓋脫離了道所針對的問題、忽略了篇文「道者萬物之所然也，萬理之所稽也」等內容所依賴的基礎[43]，而未見其涵義的關鍵處。另一方面，道作為理由的說明，所針對的問題從自然界到人類社會，不論巨細皆可涵蓋，故曰「宇內之物，恃之以成」：任何具體事物有其然即有其所以然，有某種狀態（即某種「理」），其背後即有成立的理由——也就是「道」。[44]由此，「君術說」等將道限制在人類社會內部的解釋，僅與上述「有國之母」切合，與篇文他處則多相衝突，而難疏通〈解老〉全篇。

　　「常道」則是「強字之曰道」的「常」，即一種生來即恆定不變的存在。篇文云：

> 凡理者，方圓、短長、麤靡、堅脆之分也。故理定而後可得道也。故定理有存亡，有死生，有盛衰。夫物之一存一亡，乍死乍生，初盛而後衰者，不可謂常；唯夫與天地之剖判也俱生，至天地之消散也不死不衰者，謂「常」。而常者無攸易，無定理。無定理，非在於常所，是以不可道也。聖人觀其玄虛，用其周行，強字之曰道，然而可論。故曰：「道可道，非常道也。」

42　郭沫若：《十批判書》，頁324。

43　其基礎仍是針對特定問題的道。

44　此一理背後即有一道的觀點，如陳奇猷先生、洪巳軒先生等前賢已多有提及。參見《韓非子集釋》，頁366-367；〈《韓非子‧解老》篇「物」、「理」、「道」三者的關係〉，等等。

此處所言之「道」與篇文其他各處截然不同，我們因而將它另闢一層涵義。譬如，前述道所解釋的事實上的各類事物，皆須遵循「存亡」、「死生」、「盛衰」這樣的「定理」[45]；即使承載萬物的天地[46]亦復如此——故篇文謂天地難免「剖判」、「消散」的過程。而此處的常道，則「與天地之剖判也俱生，至天地之消散也不死不衰」，孑然處於衰亡過程之外。又如，與前述道「不得不化，故無常操」的特徵相較，此處道「無攸易」（王先慎《韓非子集解·解老》謂「無所變易也」），在變化與否的問題上又相對立。再如，前述之道，皆是針對事物所表現的狀態（亦即「理」）[47]作理由上的說明；此種意義之下，道是對理的解釋，故篇文言「理定而後可得道」。而此處道則明確不針對理（鄙意文中「定理」意為「確定之理」）而存在，故言「無定理」。在此基礎上，篇文「強字之曰『道』」的措辭，更強調著此「道」與篇文其餘各處「道」的不同。篇文的如許提示，形成一綿密而有規模的證據鏈。我們因此將自出生即永恆不變的「常」作為「道」另一層涵義。——事實上，〈解老〉本就是針對《老子》文本的解釋：「道可道，非常道也」將道明確分為「常」與「非常」兩層；〈解老〉在援引、解釋此句時，並未表達任何與之相抵的意見。

---

45 劉殿爵先生提出極有見地的觀點，認為「定理有存亡，有死生，有盛衰」，「並非說『特定之理會有存亡、死生、盛衰』，而是說『在固定不變的理中，有存亡之理，有死生之理，有盛衰之理』」；「換言之，『變化的原則』雖名為變化，但原則本身卻是不會變化的」。參見劉殿爵：《採擷英華：劉殿爵教授論著中譯集》，頁307。

46 將天地為萬物提供了存在空間，為萬物承載者；此蓋先秦秦漢諸子的流行觀點。如《荀子·禮論》「天地合而萬物生」；《管子·心術下》「聖人若天然，無私覆也；若地然，無私載也」；《禮記·中庸》「天之所覆，地之所載」等。

47 有關「理」的涵義，本章第三節將予討論。

第三節　「非常道」的相關問題

　　明確了〈解老〉以「非常道」言事物狀態背後的成立途徑、理由，我們即可進而確定篇文與「非常道」相關的一些問題。

　　如「理」的涵義，可釋為各類具體事物形態特徵等各方面表現與狀態的描述。理所要解決的，不是「為什麼」的問題，而是「是什麼」的問題。對〈解老〉作者而言，通過人的感官即可直接認知此類事物「表現、狀態的描述」。故理是道的外在表現；道是事物狀態背後的理由，亦是理成立的途徑或理由。是以道與理性質上判然有別。理可以被人類感官直接獲取，道卻不可以。[48]〈解老〉云：「理者，成物之文也」，亦即構成「物」的紋理狀貌（「紋理」可引申為狀態、形貌等意義）；又云「凡理者，方圓、短長、麤靡、堅脆之分也」，「短長、大小、方圓、堅脆、輕重、白黑之謂理」，對理指向事物的形貌（如「方圓、短長、麤靡」）質地（「堅脆」）層面這一點，予以反覆申說。此類信息的共性，是可通過視覺、聽覺、觸覺等來獲取。道卻不具此性質。篇文云：「凡道之情，不制不形……與理相應」，言道無確定的形體可言，而與理相對應、相排斥；又云：「人希見生象也，而得死象之骨，案其圖以想其生也；故諸人之所意想者，皆謂之『象』也；今道雖不可得聞見，聖人執其見功以處見其形，……故理定而後可得道也」；引文以死象之骨喻「理」，言通過「可得聞見」的理，來「意想」看不見、聽不到且無法觸碰的道，再次強調道無法以感官獲取。道與事實上的一切有形事物的關係，亦是如此。如果事物是有形、有聲或有狀態（如事態）等可以被人類感官獲取的，那麼它就與無形的、無聲的，不可被感官獲取的道判然有別。——由此，前賢所謂道與理相等同、道是萬理的總和／總括（相加而成）、道與理

---

48 蔣重躍老師已注意到這一區別，參見蔣重躍師：〈古代中國人關於事物本體的發現：「稽」字的哲學之旅〉，《南京大學學報》2013年第4期。

具備某種同質性，將道釋為萬物總和，或將道等同於萬物本身的各類觀點，率皆不符〈解老〉對上述區別的反覆強調，而恐難成立。

又如文義疏通方面，「萬理之所稽」、「道盡稽萬物之理」之「稽」，訓為「合」（或「當」、「同」），「留止」（或「積滯」）抑或「楷、法式」，皆恰於原文。[49]「稽」訓作「合」可通：作為描述萬物其然的「理」，與萬物「所以然」的道，必是相互切合或符合的；訓作「留止」可通，因為篇文可解為以比擬的修辭賦予「道」行動的能力：道作為萬物成立與變動的理由，將確定的狀態「留止」在特定事物的身上，使這些事物具備了這些「定理」，事物因而可以被描述，被認知；訓作「楷、法式」亦可通：理作為萬事萬物「狀態的描述」，自是依據其狀態背後的「理由」而存在，而變動；因而不論是道為萬理所法（「萬理之所稽」），還是道為萬理立法（亦即「稽萬物之理」，可解為同於「儀表天下」的用法，仍是「萬理之所稽」之意），皆是說得通的。[50]

---

49 除前文所及，傾向於「合」義的學者，有王先謙（王先慎《集解》所引）、陳奇猷、施覺懷、高華平、王齊洲、張三夕等先生；參見王先慎：《韓非子集解‧解老》，嚴靈峰編：《無求備齋韓非子集成》影印光緒二十二年長沙思賢講舍刊本；北京大學哲學系中國哲學教研室：《中國哲學史》（北京：中華書局，1980年），頁179-180；陳奇猷：《韓非子新校注》，頁412；施覺懷：《韓非評傳》，頁93；梁啟雄：《韓子淺解》，嚴靈峰編：《無求備齋韓非子集成》影印1960年排印本，頁189；《韓非子》校注組編寫，周勳初修訂：《韓非子校注》，頁163；高華平、王齊洲、張三夕譯注：《韓非子》（北京：中華書局，2010年），頁210。傾向於「留止」義的學者，有許建良先生等；參見許建良：《先秦法家的道德世界》，頁287。綜合「留止」、「合」、「同」數義者，有太田方等；參見太田方：《韓非子翼毳‧解老》，嚴靈峰編：《無求備齋韓非子集成》影印日本大正六年東京富山房排印本。廖文奎先生將「萬理之所稽」譯為"the form of every principle"，將「盡稽萬物之理」譯為"disciplines the principles of all things"；可見廖傾向於將「稽」訓作「楷式」、「法式」之義。參見W. K. Liao, *The Complete Works of Han Fei Tzu, A Classic of Chinese Legalism*, Vol. 1, pp. 191-192。

50 此外，如篇文「得事理則必成功」，所謂「得事理」，是指與事件的狀態、形勢「相得」（亦即相切合），「事理」仍停留在事件的各種狀態描述上，但行動者要做到

不可否認，在今天的知識背景之下，非常之「道」的涵義，時而針對特定問題，時而又脫離問題，包攬一切狀態背後的理由說明，故表意顯含混。這種境況應歸於語言本身在表意上不可避免的模糊性。較之現代漢語等語言，先秦時代的古漢語更非一種精確的表意符號，其文往往意在言外，讀者常無法執著於或拘泥於字面意義，而需要面對語境，作出綜合的、比附的、聯想的甚至發散的體會。而語言作為表意符號，又是思維的基礎；語言所具有的模糊性又勢必限制了人們思維的精確程度。[51]我們面對此一情勢，只好將「以精確解釋精確、以模糊解釋模糊」作為原則：為力求與原文意旨的切合，與其擇取「本體」（noumenon）、「本質」（essence）、「本原」（principium）以及「原初物質」等有引發歧義危險（即這些詞彙具有〈解老〉所謂「道」未涉及，甚或不具備的涵義；如 noumenon 中被康德哲學賦予的超越「知覺」的意義、essence 中「最重要的構成部分」涵義，以及 original substance 中「道」與「精神」相排斥的物質涵義等）的義項，不如逕自使用事物形態、面貌背後的「理由的說明」這一更模糊涵義，更能疏通原文各處。也正是這一更模糊的「理由的說明」，招致了「本原」、「本體」、「成因」或「規律」等前述各方面的意涵，在篇文局部可說得通的狀況。譬如我們探究萬物為何表現出如此或如彼的形態、相貌（如「天得之以高」等），就往往喜好在萬物的性質、成因上找理由；我們好奇萬物為何如此或如彼地行動、生長或衰亡（如「赤松得之與天地統」等），則常在萬物的運行、演變規律上尋找理由。

「得事理」，則不必甚或不能局限在事理層面，恐怕要探究事態背後的理由。再如篇文「血氣治而舉動理，則少禍患」，理在其語境中雖被賦予了應然的價值意義，即（形容舉動）「所應有的樣子」，卻仍舊停留在「樣子」的描述層面。

51 換言之，〈解老〉此種模糊語言，限制並反映著其作者思維的精確程度。

「非常道」有如許四項屬性[52]：

有限性；亦即道在自身內容上、性質上皆是有所限制的。所謂內容上的有限性，是說針對特定問題而言的道，其自身內容視所針對問題的不同而變化，亦即篇文謂「不得不化，故無常操」。[53]以長生之道與有國之道為例，前者要求「愛其精神，嗇其智識」，後者則要求愛惜民力（「鄉國天下皆以民為德」）。所謂性質上的有限性，是指不論針對特定問題的道，抑或脫離特定問題、總體而言的道，皆無法擁有形象，不為人類感官所認知，而要人動用「意想」來認知。有若前述，道（總體而言）上雖具備留止萬理、楷式萬物的能力，卻無從使自身變為有形的存在。我們將道的此種在內容上、性質上具有明確限制的屬性，稱為「有限性」。前賢對道的整全性、「無限性」常有強調[54]；然而此種所謂「無限性」，並非道本身在性質上無所限制，更非道在

---

52 前賢對〈解老〉所謂「道」之涵義理解既有不同，對其屬性與特徵的理解則更有差別。如陳烈先生言及道的「無形」、「無為」以及「就宇宙事物全體而言」（亦即整全性）；謝無量先生言及〈解老〉所謂「道」的無形（「不可見」）與「因理之周行」的屬性；馬序先生提醒道具有觀念性、精神性；高柏園先生提及道的普遍性（亦即「道是無所不在的」）、必然性、超經驗性、超言說性；谷方先生論及道的無限性、無形性、柔弱性、「客觀物質性」與必然性；黎紅雷先生指出道具有可知性與可變化性；劉寶才先生言提出道的普遍性、無限性；許建良先生則言及道的「內涵無限」以及「無模式」特徵；等等。參見陳烈：《法家政治哲學》，頁86；謝無量：《韓非》，頁32；馬序：〈韓非之貴一賤多的世界觀〉；高柏園：《韓非哲學研究》，頁26-27；谷方：《韓非與中國文化》，頁198，206-216；馮達文、郭齊勇主編：《新編中國哲學史》，頁202；劉寶才：《中國思想學說史‧先秦卷》，頁701；許建良：《先秦法家的道德世界》，頁288。

53 前賢多將「化」釋作歷時性的變化（如太田方《翼毳》釋「不得不化，故無常操」云：「與時變化，故無一定之常度也」；見《韓非子翼毳‧解老》，嚴靈峰編：《無求備齋韓非子集成》影印日本大正六年東京富山房排印本；王煥鑣先生亦云：「萬物無時不在變化中，道也得跟著變化」；見王煥鑣：《韓非子選》，嚴靈峰編：《無求備齋韓非子集成》影印1965年排印本，頁248。鄙意當釋為（包含變化在內的）差異，即道的內容隨它針對的問題而變化。

54 見上注。

對特定事物／狀態作「理由的說明」時無所限制，而只是說道（在脫離具體問題、總體而言的語境中）作為「理由的說明」所能夠針對的問題是無限的（infinite）：從自然到人類，從有形之物到無形之物（如精神等），「以為近乎，游於四極；以為遠乎，常在吾側……」凡列舉一物，與它相排斥的東西，亦必具有某些狀態；有狀態即有背後的理由，因而道總可以面對。

可知性；其作者看來，非常之道是可以被認知的。有如前述，理作為事物的形態表現，可以被感官獲取；道「雖不可得聞見，聖人執其見功以處其見形……故理定而後可得道」，亦即道可通過理，以「意想」推知。[55]〈解老〉作者認為，對道的體認非但可能，而且必要。〈解老〉云：「夫能有其國、保其身者，必且體道」，「唯夫體道，能令人不見其事極」；也就是對道的認知是一切身國治術得以施展的必要條件，又是避免如眾人那般「離於患、陷於禍，猶不知退」的唯一途徑。

確定性；亦即人類行為的效果，能夠依據「非常道」予以預期。此處所謂確定性即「可預期性」（predictability；德語作 Berechenbar-keit）：我們說某種對象（如事物、狀態、信息等）具備確定性，也就是指我們借助此一對象可以成功預測某些情勢。馬克斯・韋伯（Max Weber）論述此一性質在法律制度層面彰顯與否的系列著作，使人印象深刻。[56]〈解老〉亦已觸及此問題，其文云：

> 夫緣道理以從事者，無不能成。……夫異道理而妄舉動者，雖尚有天子諸侯之勢尊，而下有倚頓、陶朱、卜祝之富，猶失其

---

55 此處所謂「道可以被認知」並非指其全部內容為人類所徹底窮盡，而是指人類的認知與其局部的內容（如文中所謂「嗇」等）相符合。

56 例如馬克斯・韋伯（Max Weber）著：《法律社會學　非正當性的支配》（桂林：廣西師範大學出版社，2011年），康樂、簡惠美譯，頁151、172、225、243；等等。

民人，而亡其財資也。

……視強則目不明，聽甚則耳不聰，思慮過度則智識亂。

……嗇之為術也，生於道理；夫能嗇也，是從於道而服於理者也。

……夫能有其國、保其身者，必且體道。

文中「視強則目不明」一句，是以具體事例討論道理的確定性：基於我們對相關「道理」[57]的知悉，但凡某人有「視強」、「聽甚」的情況，皆將招致「目不明」、「耳不聰」之後果。「夫緣道理以從事」一段，則是概括論其確定性：與「無緣而妄意度」相對，人類依據對「道理」的認識，在付諸行動之前，即可準確預期何種舉措將促其成功，何種將招致失敗。由此，是「道理」使事態變得可以預期，因而它們具有確定性。當然，此種確定性，與所謂（與運動、變化相對的）穩定性是截然不同的屬性：前者是就可否預期而言的，後者則是就可否變動而言的。我們可用具體例子來說明：假如某一時間區間之內，某地針對某一罪行的法律，量刑方面由死刑變為終身監禁，又變為有一定期限的監禁。然其舊法何時失效、新法何時生效方面規定明確，且前後銜接綿密，以致任何人皆可由其罪行發生的時間，清楚無疑地推得犯罪人的量刑為何。此為第一例。假如長久以來，某地針對某一罪行的法律始終未有變動；其內容為「犯某罪者，量刑由審判官視具體情況裁量決定」。且該地針對此罪行的既有判例，亦是視案件具體情勢，案犯身份，以及參與商議的判官個人量刑風格，甚或心緒

---

57 按照文義，「道理」的可預期性，同時包含積極（即依據促使事態走向成功之道而行動，並獲得正面效果；如「有其國、保其身」、「無不能成」等）、消極兩個層面。然而文中「道理」卻側重前一語境；而依照道、理的涵義，「道理」卻不應只有涵蓋積極的那一面：篇文「從於道而服於理」中「道理」連用，當是統稱事物的狀態表現及其背後的理由。

的不同而各有差異。這是第二例。就前一例而言，我們因其法律內容
出現變動，而說它在此時段內不具備穩定性；卻因其法律內容清楚到
面對此時段內任何一時間點上的此種犯罪，其量刑皆可以準確預測，
而斷定它具有確定性。在後一例中，我們依據其法律內容的始終不變，
而認定它具有穩定性；因其法律量刑方面實質上處於無法可依的狀態，
我們面對任何一起已經或即將發生的此種罪案，皆無法準確預期犯罪
人行將接受的刑罰，於是我們須承認此法律不具備確定性。回到其篇
非常之道的性質上，我們同樣只需清晰判然地分辨確定性與穩定性二
者，道在這兩個方面所分別具有的特徵，就會免於被混淆。

　　上述三項屬性，共同造就著非常之道的工具性。所謂工具性，是
指在〈解老〉作者那裡，人類將道、理作為認知人類自身與外部世
界、探究正確的行事方式的工具，來達成身體的健全、事業的成功等
功利的目的。前引「有其國、保其身者，必且體道」，以及「愛子者
慈於子，重生者慈於身，貴功者慈於事；……聖人之於萬事也，盡如
慈母之為弱子慮也，故見必行之道」等，皆就此而言。工具性為上述
屬性所造就，是指有限性與可知性，使「道」能夠被人類所認知，確
定性使之能夠用以指導治身行事，故「道」能成為人類治身行事所借
助的工具。這種「體道是為了更好地生活」的觀點，與儒家所謂「朝
聞道，夕死可矣」（《論語・里仁》）等將「體道」作為人生終極宗旨
（亦即「生活是為了體道」）的思想，本末所持，正相對立。[58]勞思光
先生亦關注到這一點，謂「韓非子有〈解老〉、〈喻老〉之文，而其說
則唯取其技術意義之智，不取其價值肯定」，「並不以順自然為價值，
而以功效之達成為價值。此種『道』不過作為一切權術之總根，雖較
權術較多普遍性，然本身亦只是一技術條件而已。」[59]

---

58 當然，二者所謂之「道」亦相差別。

59 勞思光：《新編中國哲學史》，頁267、276。

第四節　「常道」是什麼？

篇文對常道的描述寥有數語，晦澀零散，使我們無法透澈地知悉它，而僅能作可能性上的臆測。

常道之「常」需要符合如許條件：一、「與天地之剖判也俱生，至天地之消散也不死不衰」；亦即與天地同時生成（非天地「剖判」之前，亦非「剖判」之後），天地消滅後，「常」依然存在。後半句意味著天地承載為存在前提的一切事物（須隨天地消散而覆滅），應不在「常」的範圍：此一立意，與阿那克西曼德（Anaximander）「萬物所由之而生的東西，萬物消滅後復歸於它……」（into that from which things take their rise they pass away once more...）[60]之說有近似處（即萬物覆滅之後，元質或「常」依然存在）。我們不難聯想到前蘇格拉底時代的先哲針對世界「最初原理」或「元質」的某些討論，如「水」、「氣」、「虛空」等。二、「無攸易」；即「無所變易」，有如前述。[61]三、「無定理」；即未有「定理」可供遵循，或不（如非常之道那般）針對任何「定理」而言。四、「玄虛」與「周行」。二者的涵義，前後文缺乏明確印證；就前者而論，玄，《說文·玄部》：「玄，幽遠也……」（〈解老〉前文有「道闊遠」之說，此處「觀其玄虛，用其周行，強字之曰道」，蓋「玄虛」、「周行」皆與前文有呼應、與非

---

60 引自Bertrand Russell, *History of Western Philosophy*, Routledge Classics, London and New York, 2004, p.35. 譯文引自羅素著：《西方哲學史》（北京：商務印書館，1963年），何兆武、李約瑟譯，頁52。

61 攸，本義蓋「行水」，引申出「流動」、「所」等動詞義。《說文》云：「行水也；從攴，水省。」段玉裁注曰：「戴侗曰，唐本作水行攸攸也，其中從水，按當作行水攸攸也。行水順其性則安流，攸攸而入於海。《衛風·傳》『浟浟流兒』是也。作浟者，俗變也……」桂馥證曰：「……《孟子》「攸然而逝」趙云『攸然，迅走趣水（水趨）深處也。』」此處訓為「所」、「流動」皆可通（訓為「流動」，是考慮到「無攸易」「無定理」可能為對文，亦即「攸」與「定」詞義相對），且意義並無明顯差別。參見段玉裁：《說文解字注》，頁124；桂馥：《說文解字義證》，頁264-265。

常道有近似，故「強字之曰道」）；虛，若依據前文「虛者，謂其意無
所制也」的用例，蓋形容一種不受羈絆的狀態；玄、虛連用，蓋言幽
遠神秘而無所限制，與上文「無定理」呼應。「周行」，《老子・二十
五章》有「周行而不殆」之語，王弼《老子道德經注》注云：「周
行，無所不至而免（不危）殆」；《老子道德經河上公章句》注云：
「道通行天地，無所不入，在陽不焦，託陰不腐；無不貫穿，〔而〕
不危殆也」；蔣錫昌《老子校詁》亦釋曰「周行，言道無所不至」。據
此，則「周行」似可解為「普遍存在」之義。[62]

　　由此，其篇前文形容為「恆」、「常」的事物，皆不在常道的範
圍。如「日月得以恆其光，五常得以常其位」（太田方《翼毳》釋
曰：「《禮記》注：五常，五行也」；陳啓天《校釋》曰：「蓋謂金木水
火土五星有常位也」[63]）中，日月、五行遵循高度穩定的法則而運
行，是變中之常，與「無攸易」衝突。且「恆」「常」存在的日月、
五行，有其形貌可被察見，又與「無定理」衝突。

　　「精神」、「氣」亦與上述條件有牴牾。如若「精神」或「氣」通
過自身的積聚與消散造就萬物的存亡，且（假使）其自身的內部性質
不發生變化，近於西方所謂「原子」（atom；即不可再行拆分者），那
麼它便「無定理」（無能夠被感官獲取的狀態），便「玄虛」（不拘泥
於某種固定的狀態），便「周行」（萬物皆由於它構成，故普遍存
在），且亦屬「至天地之消散也不死不衰」之存在。若如此，常道則
暗含某種「精神不滅論」或「氣不滅論」的傾向。然而它與「無攸
易」不符——因為聚散本就是一種運動變化。亦未必符合「與天地之
剖判也俱生」：如若天地的生成與消散，是「精神／氣」的聚散所

62　參見樓宇烈校釋：《老子道德經注校釋》（北京：中華書局，2008年），頁63；王卡
　　點校：《老子道德經河上公章句》（北京：中華書局，1993年），頁101；蔣錫昌：
　　《老子校詁》（上海：商務印書館，1937年），頁167-168。
63　《增訂韓非子校釋》，頁750。

致;那麼精神或氣作為天地生成的前提條件,應是「先天地生」而非「與天地之剖判也俱生」。

常道為虛空或(與「有」相對的)「無」,則是可能成立的。[64]虛空或「無」為無內涵的「空類」(null class),因而無運動變易可言(「無攸易」),亦無「定理」可言;因「無定理」、不可被感官獲取而「玄虛」;因處處伴隨萬物存在而「周行」。天地剖判之前一片混沌,無所謂萬物與虛空,無所謂有無;「剖判」以降,既生出天地萬物,也就有了虛空,有了有無,故云「與天地之剖判也俱生」。「無」是否面臨與「精神」「氣」相似的難點?鄙意天地萬物消散後,混沌狀態若得復歸,則虛空或有無亦皆無法延續,一如天地剖判之前。虛空╱「無」能夠一反乎此,而不死不衰,是因篇文持一種綫性的、非循環的宇宙史觀:天地消散之後,並未回歸天地剖判之前的混沌狀態,而是進入一全新的狀態;此狀態之下,虛空或「無」可得「不死不衰」:畢竟「與天地之剖判也俱生,至天地之消散也不死不衰」句,明言天地萬物的生滅,恰因「常」而無法嚴格對稱(亦即無法復歸剖判之前而成為一個循環週期)。

另一種更為直接的解釋,是回到《老子》「道可道,非常道也」的文義上,回到〈解老〉「無定理,非在於常所,是以不可道也」(亦即「既無定理可言,則無法證明其永恆不變的地位╱處境,因而無法言表」)的解釋上,將它作為一種未知的、難以用語言清楚描述卻可供人探究(「然而可論」)[65]的內容,「強字之曰道」。如此,則上述各處亦皆可得疏通。

---

64 詹康先生《再探韓非道論》提出「道無說」,筆者深受啟發。參見《再探韓非道論》。

65 「不可道」而「可論」中,「道」與「論」應不在一個層面。前者蓋指被說明,後者蓋討論、談論之意。

後記

　　觀念（concept）是思想研究的基本對象之一。韓非子思想研究領域亦莫能外。韓非學派思想的宏觀面貌，很大程度上是由如「法」、「勢」、「術」、「性」、「德」、「道」這樣的基本觀念塑造起來的。上述六項觀念的重要價值，突出表現為針對韓非子開展的思想研究，無論是當代所謂「法學思想」、「倫理思想」、「政治思想」等方向，還是「宇宙觀」、「人性觀」等題目，絕少出現能夠徹底迴避或擺脫它們的時候。研究者或需將它們作為討論的出發點，或需將它們作為論證過程中的某種輔助元素，或需將它們作為探賾的目標。換言之，此六個觀念是韓非子思想結構中的「六大樞機」。或許正是這個原因，使前賢在上述六個基本觀念的內容、外延與性質特徵上已有汗牛充棟的研究成果。然針對同樣對象的觀點之間，卻往往具有明顯的分歧。分歧的存在，說明這些觀念以及它們所身處的韓非子思想研究領域尚有繼續拓展的空間。今存本《韓非子》中，這些基本觀念在不同篇章中的涵義往往存在明顯的差異；其種種蘊意甚或深藏於晦澀的寓言故事，或修辭方法中，仍待我人持續探研。這或可作為這本小冊仍舊針對《韓非子》這六項「樞機」，作一粗率探究嘗試之理由。

　　小冊的寫作還考慮到如許兩點前賢多有強調的假設：一是先秦文獻多以單篇流傳。在不同的篇章中保持某一術語涵義的始終如一，或許並非其作者有意遵循的軌範。退一步說，在邏輯思維顯有缺欠的古代中國，作者能夠在特定篇章之內，保持其術語涵義的前後一致，就已頗可貴了。這一假設將導致那種為不同篇目的觀念或術語概括出普遍適用的單一涵義之作法，變得值得懷疑。一是先秦諸子易分家而難

分人。本書第四章，註釋24對此有提及，此處不贅。

此外，前賢對這六項觀念並未展開爭論的議題，本書處理得較簡略；反之則稍詳。如第五章對作為「身全」意義的「德」展開討論，而忽略作為「慶賞」意義的「德」，即是這一原則的體現。

荒謬之處，誠祈讀者批評指正。

劉斯玄謹識

二〇二〇年十月十日

引用文獻

古籍及其注釋、整理與翻譯作品依經、史、子、集次序排列；中英文專著依作者姓氏字母次序，同一作者有多部作品的，依出版時間次序排列；出土文獻及其注釋、整理作品，辭典，期刊與專書論文等皆依出版時間次序排列。

一　傳統文獻及其注釋、整理與翻譯作品

阮元校勘：《十三經注疏》，臺北：藝文印書館影印嘉慶二十年江西南昌府學刻本，1955年。

The Holy Bible: Containing The Old and New Testaments, The King James Version, Unite States of America: The Gideons International, 1987.

朱　熹：《四書章句集注》，北京：中華書局，1983年。

孫星衍著，陳抗、盛冬鈴點校：《尚書今古文注疏》，北京：中華書局，2004年。

顧頡剛、劉起釪：《尚書校釋譯論》，北京：中華書局，2005年。

程俊英、蔣見元：《詩經注析》，北京：中華書局，1991年。

竹添光鴻：《左氏會箋》，臺北：新文豐出版公司，1978年。

楊伯峻：《春秋左傳注（修訂本）》，北京：中華書局，2009年。

司馬遷撰，裴駰集解，司馬貞索隱，張守節正義：《史記》，北京：中華書局，1959年。

司馬遷撰，瀧川資言考證，楊海崢整理：《史記會注考證》，上海：上海古籍出版社，2015年。

班固撰，顏師古注：《漢書》，北京：中華書局，1962年。

班固撰，王先謙補注，上海師範大學古籍整理研究所整理：《漢書補
　　　　注》，上海：上海古籍出版社，2012年。

章學誠撰，葉瑛注解：《文史通義校注》，北京：中華書局，1985年。

Plato, Shorey, Paul (ed.). *The Republic*, London: Harvard University Press
　　　　& William Heinemann Ltd., 1937-1942.

國學整理社編：《諸子集成》，北京：中華書局，1954年。

王先謙注，久保愛增注，豬飼彥博補注：《增補荀子集解》，東京：富
　　　　山房，1912年。

梁啟雄：《荀子簡釋》，北京：中華書局，1983年。

蔣錫昌：《老子校詁》，上海：商務印書館，1937年。

王卡點校：《老子道德經河上公章句》，北京：中華書局，1993年。

樓宇烈校釋：《老子道德經注校釋》，中華書局，2008年。

楊丙安著，楊雯整理：《老子古本合校》，北京：中華書局，2014年。

朱師轍：《商君書解詁定本》，北京：古籍出版社，1956年。

蔣禮鴻：《商君書錐指》，北京：中華書局，1986年。

許富宏：《慎子集校集註》，北京：中華書局，2013年。

Liao, W. K. *The Complete Works of Han Fei Tzu*, London: Arthur Probsthain,
　　　　1959.

梁啟雄：《韓子淺解》，北京：中華書局，1960年。

陳奇猷：《韓非子集釋》，上海：上海人民出版社，1974年。

嚴靈峰編：《無求備齋韓非子集成》，臺北：成文出版社，1980年。

陳啟天：《增訂韓非子校釋》，臺北：臺灣商務印書館，1994年。

陳奇猷：《韓非子新校注》，上海古籍出版社，2000年。

Watson, Burton. (Trans.) *Han Fei Tzu: Basic writings,* New York: Columbia
　　　　University Press, 2002.

《韓非子》校注組編寫，周勳初修訂：《韓非子校注》，南京：鳳凰出
　　　　版社，2009年。

高華平、王齊洲、張三夕譯注：《韓非子》，北京：中華書局，2010年。

孫武撰，曹操等注，楊丙安校理：《十一家注孫子校理》，北京：中華
　　　書局，2016年。

賈誼撰，閻振益、鐘夏校註：《新書校註》，中華書局，2000年。

黃　暉：《論衡校釋（附劉盼遂集解）》，北京：中華書局，1990年。

嚴可均輯：《全上古三代秦漢三國六朝文》，北京：中華書局，1958年。

李昉等撰：《太平御覽》，北京：中華書局，1960年。

二　出土文獻及其注釋、整理作品

馬承源主編：《上海博物館藏戰國楚竹書》，上海：上海古籍出版社，
　　　2001年。

武漢大學簡帛研究中心、荊門市博物館編著：《楚地出土戰國簡冊合
　　　集》，北京：文物出版社，2011年。

白於藍、李天虹、李家浩、胡雅麗、許道勝、陳松長、陳偉、彭浩、
　　　賈連敏、劉祖信、劉國勝、蕭聖中、龍永芳：《楚地出土戰
　　　國簡冊〔十四種〕》，武漢：武漢大學出版社，2016年。

三　中文與中譯文專著

鮑吾剛著，嚴蓓文、韓雪臨、吳德祖譯：《中國人的幸福觀》，南京：
　　　江蘇人民出版社，2010年。

北京大學哲學系中國哲學教研室：《中國哲學史》，北京：中華書局，
　　　1980年。

博登海默著，鄧正來譯：《法理學：法律哲學與法律方法》，北京：中
　　　國政法大學出版社，2004年。

曹　謙：《韓非法治論》，上海：中華書局，1948年。

查士丁尼編撰，張企泰譯：《法學總論》，北京：商務印書館，1989年。

陳　拱：《韓非思想衡論》，臺北：臺灣商務印書館，2008年。

陳蕙娟：《韓非子哲學新探》，臺北：文史哲出版社，2004年。

陳麗桂：《戰國時期的黃老思想》，臺北：聯經出版事業公司，1991年。

陳　烈：《法家政治哲學》，上海：華通書局，1929年。

程艾藍著，冬一、戎恆穎譯：《中國思想史》，鄭州：河南大學出版社，
　　　2018年。

丁　鼎：《〈儀禮‧喪服〉考論》，北京：社會科學文獻出版社，2003
　　　年。

杜國庠：《先秦諸子思想概要》，北京：生活‧讀書‧新知三聯書店，
　　　1949年。

渡邊秀方著，劉侃元譯：《中國哲學史概論》，上海：商務印書館，
　　　1926年。

方立天：《中國古代哲學問題發展史》，北京：中華書局，1990年。

封思毅：《韓非子思想散論》，臺北：臺灣商務印書館，1975年。

馮達文、郭齊勇：《新編中國哲學史》，北京：人民出版社，2004年。

馮　契：《中國古代哲學的邏輯發展》，上海：上海人民出版社，1983
　　　年。

馮友蘭：《三松堂全集‧中國哲學史》，北京：中華書局，2014年。

馮友蘭：《三松堂全集‧中國哲學史新編試稿》，北京：中華書局，
　　　2017年。

高柏園：《韓非哲學研究》，臺北：文津出版社，1994年。

高柏園：《韓非哲學研究》，臺北：文津出版社，2001年。

葛兆光：《中國思想史》，上海：復旦大學出版社，2013年。

谷方：《韓非與中國文化》，貴陽：貴州人民出版社，1996年。

郭春蓮：《韓非法律思想研究》，上海：上海人民出版社，2012年。

郭沫若：《十批判書》，北京：人民出版社，1954年。

何兆武、步近智、唐宇元、孫太開：《中國思想發展史》，武漢：湖北

人民出版社，2007年。

侯外廬、趙紀彬、杜國庠：《中國思想通史》，北京：人民出版社，
　　　1967年。

胡　適：《中國哲學史大綱》，北京：中華書局，2013年。

胡　適：《中國中古思想史長編》，上海：上海古籍出版社，2013年。

許建良：《先秦法家的道德世界》，北京：人民出版社，2012年。

黃秀琴：《韓非學術思想》，臺北：華僑出版社，1962年。

黃裕宜：《〈韓非子〉的規範思想：以倫理、法律、邏輯為論》，臺
　　　北：花木蘭文化出版社，2009年。

稽文甫：《春秋戰國思想史話》，北京：文津出版社，2017年。

姜國柱：《中國歷代思想史・先秦卷》，北京：文津出版社，1993年。

蔣伯潛：《諸子通考》，上海：上海古籍出版社，2013年。

蔣重躍：《韓非子的政治思想》，北京：北京師範大學出版社，2010年。

金春峰：《先秦思想史論》，北京：東方出版社，2015年。

勞思光：《新編中國哲學史》，北京：生活・讀書・新知三聯書店，
　　　2015年。

李若暉：《久曠大儀：漢代儒學政制研究》，北京：商務印書館，2018
　　　年。

李甦平：《韓非》，臺北：東大圖書公司，1998年。

李澤厚：《中國古代思想史論》，北京：人民出版社，1985年。

李　增：《先秦法家哲學思想：先秦法家法理、政治、哲學》，臺北：
　　　編譯館，2001年。

梁啟超：《飲冰室合集》，北京：中華書局，1989年。

林緯毅：《法儒相容：韓非子的歷史考察》，臺北：文津出版社，2004
　　　年。

羅爾綱：《師門五年記・胡適瑣記》，北京：生活・讀書・新知三聯書
　　　店，1998年。

羅素著，何兆武、李約瑟譯：《西方哲學史》，北京：商務印書館，

1963年。

呂思勉：《學史門徑詳說》，北京：東方出版社，2018年。

呂振羽：《中國政治思想史》，上海：生活書店，1947年。

孟德斯鳩著，張雁深譯：《論法的精神》，北京：商務印書館，1961年。

牟宗三：《中國哲學十九講》，臺北：聯經出版事業公司，2003年。

丘漢平：《先秦法律思想》，上海：文華美術圖書公司，1934年。

任繼愈：《中國哲學史》，北京：人民出版社，2010年。

任繼愈主編：《中國哲學發展史・先秦》，北京：人民出版社，1983
　　　年。

任繼愈主編：《中國哲學史》，北京：人民出版社，1985年。

容肇祖：《韓非子考證》，上海：商務印書館，1936年。

瑞安，阿蘭著，林華譯：《論政治：從希羅多德至當代》，北京：中信
　　　出版集團，2016年。

施覺懷：《韓非評傳》，南京：南京大學出版社，2001年。

史華茲，本傑明著，程鋼譯：《古代中國的思想世界》，南京：江蘇人
　　　民出版社，2008年。

太田方：《韓非子翼毳》，上海：中西書局，2014年。

唐君毅：《中國哲學原論・原道篇》，北京：中國社會科學出版社，
　　　2006年。

陶希聖：《中國政治思想史》，北京：中國大百科全書出版社，2011年。

童書業：《先秦七子思想研究》，上海：上海人民出版社，2019年。

托克維爾著，董果良譯：《論美國的民主》，北京：商務印書館，1988
　　　年。

王邦雄：《韓非子的哲學》，臺北：東大圖書公司，1983年。

王邦雄：《中國哲學論集》，臺北：臺灣學生書局，1986年。

王靜芝：《韓非思想體系》，臺北：輔仁大學文學院，1979年。

王世琯：《韓非子研究》，上海：商務印書館，1936年。

王叔岷：《先秦道法思想講稿》，北京：中華書局，2007年。

王威威：《韓非思想研究：以黃老為本》，南京：南京大學出版社，
　　　2012年。

王曉波：《道與法：法家思想和黃老哲學解析》，臺北：臺灣大學出版
　　　中心，2009年。

王曉波：《儒法思想論集》，臺北：時報文化出版公司，1983年。

王兆麟：《韓非子研究新探》，北京：中國文聯出版社，2010年。

韋伯・馬克斯著，康樂、簡惠美譯：《法律社會學非正當性的支配》，
　　　桂林：廣西師範大學出版社，2011年。

韋政通：《中國思想史》，上海：上海書店出版社，2003年。

吳秀英：《韓非子研議》，臺北：文史哲出版社，1979年。

西嶋定生著，武家璧譯：《中國古代帝國的形成與結構》，北京：中華
　　　書局，2004年。

蕭公權：《中國政治思想史》，北京：商務印書館，2011年。

蕭萐父、李錦全主編：《中國哲學史》，北京：人民出版社，1982年。

謝無量：《韓非》，上海：中華書局，1932年。

謝雲飛：《韓非子析論》，臺北：東大圖書有限公司，1980年。

熊十力：《韓非子評論與友人論張江陵》，上海：上海古籍出版社，
　　　2019年。

徐漢昌：《韓非的法學與文學》，臺北：文史哲出版社，1984年。

楊　寬：《戰國史》，上海：上海人民出版社，2016年。

楊幼炯：《中國政治思想史》，北京：商務印書館1998年。

姚蒸民：《法家哲學》，臺北：先鋒印刷公司，1984年。

姚蒸民：《韓非子通論》，臺北：東大圖書公司，1999年。

于蓮著，卓立譯：《勢：中國的效力觀》，北京：北京大學出版社，
　　　2009年。

章太炎：《小學答問》，《章太炎全集》第1輯，上海：上海人民出版
　　　社，2014年。

張純、王曉波：《韓非思想的歷史研究》，北京：中華書局，1986年。

張岱年：《中國古代哲學概念範疇要論》，北京：中華書局，2017年，頁160。

張靜雯：《韓非法治思想研究》，臺北：花木蘭文化出版社，2009年。

張　覺：《韓非子考論》，北京：智慧財產權出版社，2013年。

張　覺：《韓非子校疏析論》，北京：智慧財產權出版社，2018年。

張豈之、方光華主編，劉寶才著：《中國思想學說史先秦卷》，桂林：廣西師範大學出版社，2007年。

張素貞：《韓非子思想體系》，臺北：黎明文化事業公司，1974年。

趙海金：《韓非子研究》，臺北：正中書局，1967年。

鄭良樹：《商鞅及其學派》，臺北：臺灣學生書局，1987年。

鄭良樹：《韓非之著述及思想》，臺北：臺灣學生書局，1993年。

周熾成：《荀韓人性論與社會歷史哲學》，廣州：中山大學出版社，2009年。

周富美：《墨子、韓非子論集》，臺北：國家出版社，2008。

周世輔：《中國哲學史》，臺北：三民書局，1971年。

周勳初：《〈韓非子〉札記》，南京：江蘇人民出版社，1980年。

朱伯崑：《先秦倫理學概論》，北京：北京大學出版社，1984年。

朱瑞祥：《韓非政治思想之剖析》，臺北：黎明文化事業公司，1990年。

朱貽庭：《中國傳統倫理思想史》，上海：華東師範大學出版社，1994年。

四　英文專著

Ames, Roger T. *The Art of Rulership: A Study of Ancient Chinese Political Thought,* New York: State University of New York Press, 1994.

Bodenheimer, Edgar. *Jurisprudence: The Philosophy and Method of the Law*, Massachusetts: Harvard University Press, 1974.

Chan, Wing-Tsit. *A Source Book in Chinese Philosophy*, Princeton: Princeton University Press, 1973.

Creel, Herrlee G. *Shen Pu-Hai: A Chinese Political Philosopher of the Fourth Century B. C*, Chicago and London: University of Chicago Press, 1974.

Montesquieu, Charles de Secondat. Cohler, Anne M. Miller, Basia C. & Stone, Harold S. (eds) *The Spirit of the Laws,* Cambridge: Cambridge University Press, 1989.

Pines, Yuri. *Envisioning Eternal Empire: Chinese Political Thought of the Warring States Era,* Honolulu: University of Hawai'i Press, 2009.

Russell, Bertrand. *History of Western Philosophy*, London and New York: Routledge Classics, 2004.

Ryan, Alan. *On Politics: A History of Politisal From Herodotus to the Present*, New York: W. W. Norton & Company Inc., 2012.

Schwartz, Benjamin I. *The World of Thought In Ancient China,* Cambridge: Harvard University Press, 1985.

Tocquevlle, Alexis De. Nolla, Eduardo (Ed), Schleifer, James T. (Trans), *Democracy in America: historical-critical edition of De la de´mocratie en Ame´rique,* Indianapolis: Liberty Fund, 2010.

Waley, Arthur. *Three Ways of Thought in Ancient China*, London: George Allen & Unwin Ltd., 1939.

五　辭典

朱駿聲：《說文通訓定聲》，北京：中華書局影印臨嘯閣刻本，1984年。

桂　馥：《說文解字義證》，北京：中華書局，1987年。

段玉裁：《說文解字注》，上海：上海古籍出版社，1988年。

Webster's Ninth New Collegiate Dictionary, Massachusetts: Merriam-
　　　Webster Inc., 1991.

《說林解字詁林正補合編》，臺北：鼎文書局，1997年。

Garner, Bryan A. (Editor in Chief). *Black's Law Dictionary*, Edition 8, St.
　　　Paul: Thomson West, 2004.

湯志彪編：《三晉文字編》，北京：作家出版社，2013年。

六　期刊與專書論文

馮友蘭：〈韓非〈解老〉〈喻老〉篇新釋〉，《北京大學學報》1961年第
　　　2期，頁19-22。

潘重規：〈韓非著述考〉，香港大學中文系編：《香港大學五十周年紀
　　　念論文集》第2冊，香港：香港大學中文系（排印本），1966
　　　年，頁85-107。

張　申：〈韓非是性惡論者嗎？〉，《吉林師大學報》1979年第3期，頁
　　　86-93。

吳承仕：〈五倫說之歷史觀〉，載《吳承仕文錄》，北京：北京師範大
　　　學出版社，1982年，頁1-10。

吳承仕：〈中國古代社會研究者對於喪服應認識的幾個根本觀念〉，載
　　　《吳承仕文錄》，北京：北京師範大學出版社，1982年，頁
　　　11-29。

尹振環：〈從王位繼承和弒君看君主專治理論的逐步形成〉，《中國史
　　　研究》1987年第4期，頁17-24。

林義正：〈先秦法家人性論之研究〉，臺大哲學系主編：《中國人性
　　　論》，臺北：東大圖書公司，1990年，頁75-104。

馬　序：〈韓非之貴一賤多的世界觀〉，《哲學與文化》第18卷第7期，
　　　1991年，頁617-633。

飯塚由樹：〈《韓非子》中法、術、勢三者的關係〉，《中國人民大學學報》1993年第5期，頁66-71。

水渭松：〈韓非〈解老〉異解辨〉，《天津師範大學學報》1996年第6期，頁60-67。

張涅：〈《孫》《老》《韓》的精神異變〉，《中國哲學史》1998年第1期，頁35-40。

Goldin, Paul R. "Han Fei's Doctrine of Self-interest." *Asian Philosophy*, 11:3, 2001, pp. 151-159.

劉殿爵：〈〈解老〉中的道家形而上學與柏拉圖的形相論〉，《採掇英華》編輯委員會編：《採掇英華：劉殿爵教授論著中譯集》，香港：香港中文大學出版社，2004年，頁301-320。

王元化：〈韓非論〉，《王元化集》，武漢：湖北教育出版社，2007年，頁3-41。

熊鐵基：〈讀韓非子〈解老〉和〈喻老〉〉，《政大中文學報》第8期，2007年12月，頁15-28。

詹　康：〈韓非論君術之窮〉，《政治學報》第48期，2009年12月，頁33-75。

洪巳軒：〈《韓非子·解老》篇「物」、「理」、「道」三者的關係〉，《華岡哲學學報》第2期，2010年6月，頁23-50。

馬　耘：〈《韓非子·解老》等篇「道」概念辨析〉，《止善》2010年第9期，頁145-158。

Goldin, Paul R. "Introduction: Han Fei and the *Han Feizi." Dao Companion to the Philosophy of Han Fei,* Goldin, Paul R.(Ed), Springer Science + Business Media Dordrecht, Heidelberg, 2013, pp. 1-21.

Queen, Sarah A. "*Han Feizi* and the Old Master: A Comparative Analysis and Translation of *Han Feizi* Chapter 20, 'Jie Lao', and Chapter

21, 'Yu Lao'." *Dao Companion to the Philosophy of Han Fei,* Goldin, Paul R.(Ed), Springer Science + Business Media Dordrecht, Heidelberg, 2013, pp. 197-256.

蔣重躍：〈古代中國人關於事物本體的發現：「稽」字的哲學之旅〉，《南京大學學報》2013年第4期，頁68-84，159。

林光華：〈由「道」而「理」：從〈解老〉看韓非子與老子之異同〉，《人文雜誌》2014年第6期，頁1-8。

劉　亮：〈被忽視的性善說：韓非子‧解老篇人性觀探微〉《天津社會科學》2019年第1期，頁156-160。

劉　亮：〈韓非子‧解老篇「德」論錐指〉，《南開學報》2020年第2期，頁150-156。

七　學位論文

艾其茂：《春秋戰國時期兵、法兩家思想體系比較研究：以孫子和韓非子為例》，江西師範大學碩士論文，2002年。

八　未發表著作

詹康：《再探韓非道論》。

哲學研究叢書·學術思想研究叢刊　0701Z01

韓非子思想蠡測

作　　者　劉斯玄（劉　亮）
責任編輯　呂玉姍
特約校對　林秋芬

發 行 人　林慶彰
總 經 理　梁錦興
總 編 輯　張晏瑞
編 輯 所　萬卷樓圖書股份有限公司
　　　　　臺北市羅斯福路二段 41 號 6 樓之 3
　　　　　電話　(02)23216565
　　　　　傳真　(02)23218698

發　　行　萬卷樓圖書股份有限公司
　　　　　臺北市羅斯福路二段 41 號 6 樓之 3
　　　　　電話　(02)23216565
　　　　　傳真　(02)23218698
　　　　　電郵　SERVICE@WANJUAN.COM.TW
香港經銷　香港聯合書刊物流有限公司
　　　　　電話　(852)21502100
　　　　　傳真　(852)23560735

ISBN 978-986-478-425-7
2020 年 12 月初版
定價：新臺幣 280 元

如何購買本書：
1. 劃撥購書，請透過以下郵政劃撥帳號：
　帳號：15624015
　戶名：萬卷樓圖書股份有限公司
2. 轉帳購書，請透過以下帳戶
　合作金庫銀行　古亭分行
　戶名：萬卷樓圖書股份有限公司
　帳號：0877717092596
3. 網路購書，請透過萬卷樓網站
　網址 WWW.WANJUAN.COM.TW

大量購書，請直接聯繫我們，將有專人為您
服務。客服：(02)23216565 分機 610

如有缺頁、破損或裝訂錯誤，請寄回更換

國家圖書館出版品預行編目資料

韓非子思想蠡測/劉斯玄（劉亮）著. -- 初版. --
臺北市：萬卷樓圖書股份有限公司, 2020.12
３００面；１７＊２３公分. -- (哲學研究叢書.
學術思想研究叢刊；701Z01)

ISBN 978-986-478-425-7(平裝)

1.(周)韓非　2.韓非子　3.學術思想　4.研究考訂

121.677　　　　　　　　　　　　109019476